세상이 멸망한대도,
누드톤 립과 코랄빛 블러셔

연서

〈목차〉

작가 소개   1

머리말   2

- 마음에 보내는 편지

마음에 보내는 편지	5
온갖 사랑	6 - 7
돌멩이	8 - 10
죽지도 않고 살아 돌아오는	11 - 12
상처, 단단함, 그, 사실	13
마음이 열병을 앓으면	14 - 15
속이려 들고 싶지 않아	16 - 18
흰쌀죽	19 - 20
제자리걸음	21 - 22
헤매지 말고, 길 잃지 말고.	23 - 24
그럼에도	25
마음 숲	26 - 27
내가 좋아하는 사람	28 - 29

신발 꾸러미	30 - 32
초록빛 가득히도	33 - 34
재미있는 일은 한 번에	35 - 38
가여움의 조각들	39 - 41
총량의 법칙	42 - 43

- 전하지 못한 말

전하지 못한 말	45
제자리걸음 2	46 - 47
견딜 수 없이	48 - 50
마지않고 사랑한	51 - 52
무지개다리 너머 세상도 살 만하지?	53 - 54
! (느낌표 붙이기)	55
어느 오후	56 - 57
아직도 뱉지 못한 말	58 - 60
답장	61
투정	62
누드톤 립과 코랄빛 블러셔	63 - 64
첫번째 거짓말	65 - 66
늦잠	67 - 68
정공법	69 - 71
가장 큰 실수	72 - 74

투정 2	75 - 76
나초 과자와 영화관	77 - 78
어느 여름에	79 - 81

- 고백으로 채운 글

고백으로 채운 글	83
글을 읽는 방법	84
입술 깨물기	85 - 86
나뭇잎	87 - 88
주인공	89 - 90
도망가는 순간	91 - 92
우스운 하루	93
글과 삶의 상관관계	94 - 96
명랑함	97 - 98
사랑꾼들의 틈에서	99 - 102
위로	103
보내지 못한 편지	104 - 106
부재	107 - 108
더없이 행복한	109 - 110
시작하는 일에는 두려워하기,	
끝이 다가오는 일에는 조급해하기.	111 - 112
결국은	113 - 115

해수와 해영	116 - 118
나의 모든 색이 옅어질 때까지	119 - 121

맺음말   123 - 124

작가의 말   127 - 128

〈작가소개〉

연서

글, 앙꼬, 친구.
이 세 가지만으로도 행복을 채울 수 있는 사람이다.
세계 평화라는 거대한 꿈을 꾸면서도,
하루를 버티다 끝내 내일을 기대하게 된 인간일 뿐이다.
럭키 힐링버드 그리고 날씨 요정이 되는 것이 목표.

머리말

솔직하게 살 수 없는 세상에서 솔직함을 좇고 있지만서도,
두서없는 글을 쓰고 싶다.
두서없는데 유쾌했으면 좋겠어.
그러면서도 초라하진 않았으면 좋겠다.
이 말들은 결국 다 내 기록이고 흔적이지만 결국은 글을 사랑해서,
동시에 무척 원망해서 하는 고백이다.

마음에 보내는 편지

마음에 보내는 편지

마음에도 못 한 말을 편지로 엮으면
그게 마음에 보내는 편지인 셈이겠지요
결국은 솔직한 부분을 꺼내 마음에 두는 것이라
그렇게 읽어주시면 그걸로 되었습니다

온갖 사랑

분명 누군가를 좋아해 보자, 마음을 열어보자 했던 건 그 무렵이었다.
살 만해진 무렵.
나만 보는 나에 대한 사랑은 없어도
가족의 사랑으로 충분할 때가 있었고,
나만 보는 털복숭이에 대한 사랑으로 충분할 때가 있었고.

그러나 지금은 아니다.
여기저기서 얻는 사랑도, 주는 사랑도 넘치는데
그게 결국은 모자랐나 보다.
그 사랑이 나에게 부족해서,
자꾸만 다른 사랑에 탐을 내고 눈을 들인다.

다른 사랑도 해보았음 해서, 다른 사랑도 꼭 그렇게 맛나 보여서.
결국은 자꾸 다른 사랑에 뛰어들 준비를 하고,
그렇게 사랑을 건드려도 보고.
자꾸만 그래서 탈이 나고 다치고 생채기를 얻어도
그럼에도 다른 이의 사랑도 한 번 탐내본다.

그냥 한 번 연인이 주는 사랑도 받아보고파서,
다른 이가 나에게 보이는 사랑보다 더 크게 주고파서,
결국은 사랑이 너무도 하고 싶어서.

살 만 해졌다고 자만해서는 여기저기 온갖 사랑에 다 뛰어들고 본다.
사랑에 뛰어든다고 사랑을 할 수 있는 것이 아님에도
아주 온갖 사랑에 발을 들여보고 싶어서 안달이 났다.

사실 딱 한 사랑으로도 살아갈 수 있음에도,
그럼에도 연인과 나누는 사랑이 궁금해서.
나도 누군가의 연인으로 사랑을 주고받는 게 고파서,
결국은 또 외로워서.
하나로는 안되는 이 외로움을 타고 난 탓에
곁의 부재와 실재에 무관하게 또 외로워서 그렇다.

그렇게 그런 사랑으로 채울 수 없는,
그런 사랑으로만 채워야 하는 한 켠이 분명해서 그렇다.

돌멩이

아, 울고 싶다.

그러나 이런 생각이 드는 때에는 울 수가 없다. 요즘 음악을 듣는 취미를 만들기 시작했고 그래서 수많은 음악을 듣는 중이다.

그 덕분에 알게 된 사실 하나는 내가 슬픈 음악을 듣지 않아야 한다는 거대한 사실이다. 이십여 년을 모르고 살았으니, 나에게는 실로 거대한 사실이었다.

나는 슬픈 음악을 들으면 내 깊은 그늘로 발을 들이는 버릇이 있고, 그렇게 그늘에 발을 들이는 순간 잠잠하던 호수에 돌멩이를 던지는 꼴이 되는 것이었다. 애써 누르고 살던 모든 우울과 불안, 눈물에 잠식되지 않으려면 슬픈 음악을 감상하며 그 음악에 빠져 있지 않아야 한다는 결론에 닿았을 때는 내가 어느덧 15곡째 슬픈 발라드를 듣고 있던 찰나였다.

모 아니면 도. 다소 극단적인 성격 탓에 찾아낸 거대한 사실 하나. 나는 슬픈 음악을 듣지 않아야 한다는 것.

 그편이 더 행복하고 좋았다. 슬플 때도 슬픈 노래를 듣지 않아야 내 눈물을 더 가벼이 여길 수 있고, 슬픔에 한층 무뎌질 수 있는 사람이 나였다. 추구하는 방향성이 눈물과 반대 방향인 사람인지라, 더욱 그랬다. 기쁘든, 슬프든 눈물을 흘리는 사람이 되고 싶진 않았다. 눈물의 의미는 누구에게나 같지가 않고 입방아에 오르기에는 다소 쉬운 소재이기 때문에 그랬다.

 울고 싶다고 생각할 때면 정말 건조하게 나 울고 싶구나, 하고 넘긴다. 바로 다음 생각으로 넘어간다. 예를 들면 조금 전처럼 음악에 관한 이야기로 넘어가듯이 말이다. 그걸 물 흐르듯이 하려면 결국은 울음을 매 순간 삼켜야 하고 그래서 오늘도 생각이 많고. 남의 눈물에는 맘껏 마음 아파하다가도 내 눈물에는 아, 하고 건조하게 넘기는 하루를 살아야 무사히 오늘을 잘 지날 수 있다.

 슬픔에 잠식되지 않는 하루.
 우울에 빠진 적 없는 하루.
 슬픈 음악을 듣지 않는 하루.

 그게 다 모여서 오늘을 잘 지나 내일을 기대할 수 있도록, 기쁜 생각들 위로 물을 줄 수 있도록 만든다.

전혀 논리적이지 않지만, 나만의 논리로 잘 이겨내는 것이리라.

죽지도 않고 살아 돌아오는

나에게는 '죽지도 않고 살아 돌아오는 병'이 있다.
죽지도 않고 살아 돌아오는 각설이와 같은 부류인 듯하다.
누군가와 풋풋한 감정을 시작할 때,
내가 하고 있는 일에 대한 용기가 부족할 때,
무언가를 아끼는 마음에 금이 가는 듯할 때.
다양한 상황에 죽지도 않고 살아 돌아오는 병이 있다.
이 사람, 이제 영영 연락 안 올 것 같다-
영원히 나를 사랑할 사람은 없을 것 같다-
이곳에서 더이상은 나를 필요로 하지 않을 것 같다-
와 같은 죽지도 않고 살아 돌아오는 불안에 기반한 생각들이다.

영원히 나의 쓸모는 없을 것 같고,
끝없는 외로움의 종착점은 없을 것 같고,
평생을 원하지 않는 일에 감정 쏟으며 살 것만 같은
비관적인 성격이 비대해지는 타이밍에서 비롯되었다.
장점을 더 크게 보며 살아가는 나이지만,
이럴 때는 꼭 단점이 비정상적으로 부풀어지는 병을 가진 것이다.

그래서 불필요한 걱정을 할 때에
(설령 그것이 정말 불길해서 하는 필요한 걱정이더라도)
꼭 알아챌 수가 있다.
'죽지도 않고 살아 돌아오는 병'이 또 왔구나!

결국 이건 유레카! 하고 끝낼 수는 없는 일인 것이다.
누가 뭐래도 나에게는 정말 심각한 찰나의 불안이기 때문이다.

상처, 단단함, 그, 사실

상처를 입은 사람은 바로 단단해진다.

그게 내가 믿는 사실이다.

상처를 준 사람이 몰라야 하므로

그러므로 상처를 입은 즉시 단단함을 더 껴입게 된다.

상처를 준 사람에게 상처 입힌 사람으로 기억되고 싶지 않기 때문이고,

고작 그로 인해 내가 상처 입은 것을 인정하고 싶지 않기 때문이다.

상처를 준 사람은 내고 가버리니 끝이지만

그걸 나는 내내 견디고 감추고 숨겨야 하기 때문이다.

그렇게 애쓰는 모습을 들키고 싶지 않아서,

상처를 입은 다음 날 정도면 더 단단한 사람이 된다.

그렇지 않아도 그렇게 되어야 하는 게,

그게 내가 믿는 사실이다.

마음이 열병을 앓으면

 마음이 열병을 앓으면 온종일 그 생각에 빠져 그 생각으로만 살아간다. 그러다 내내 쓰리기도 영영 아프기도 하다. 무언가 좋아하는 게 생기면 빠짐없이 그랬다. 나는 늘 무언가에 푹 빠져서 사는 사람인데도, 그런데도 꼭 그렇게 탈이 나는 것이었다.

 나는 받는 사랑보다 주는 사랑이 커야 하는데, 그래서 자꾸만 마음을 주고 좋아하는 것이 분명해야만 하는데, 무언가를 좋아하게 되면 마치 한 몸인 듯 따라오는 열병의 시기가 있었다.

 잠에서 깰 때부터, 잠에 들기까지. 때로는 꿈에까지 나를 열병 들게 한 무언가가, 누군가가 자꾸만 따라오는 것이었다. 그렇게 온종일 그 좋아하는 것에 대해 생각하고, 생각하고, 생각하다 보면 마음이 아렸다. 내가 가질 수 없는 것이라는 결론에 도달했기 때문이었다.

 좋아하는 사람, 그 사람의 감정, 그 사람의 찰나.
 좋아하는 구절, 그 안에 담긴 감정, 그것이 든 책, 그것을 쓴 작가.
 좋아하는 장소, 그곳의 풍경, 그곳의 공기, 그 안을 채운 수많은 사람.

좋아하는 것에 폭 빠져있다 보면 하루를 충분하게 그 생각만으로 채울 수 있지만 결국 내 것이 아닌 것을 생각하고 탐내다가 열병이 나는 것이다. 열병의 시기에 마음이 온통 아리고 쓰리면 아, 내가 또 내 것이 아닌 것을 탐냈구나, 좋아했구나- 하고 결론이 나왔다.

뫼비우스의 띠 마냥 돌고 도는 생각 탓에 꼭 탈이 나면, 안 좋은 생각, 불안한 마음, 우울한 공기 다 모르는 체하고 열병의 열기에만 휩싸인 채 하루를 지날 수 있는 것이었다.

그래서인지, 좋아하는 마음이 나를 지켜준 것이다 하고 나름 귀여운 결론까지 도달한 날에는 웃으며 좋아하는 것을 다시 생각할 수 있게 된다.

속이려 들고 싶지 않아

있잖아, 나는 너만큼은 속이고 싶지 않아. 나는 거짓을 말하면 병을 얻는 사람이거든. 거짓말을 하면 할수록 속병이 나고 크고 작은 병을 모두 얻는 사람이지. 그런데도 나는 거짓을 말해. 거짓으로 나를 꾸며내고 온통 가짜인 사람이 되기도 해. 진짜 나를 보여주기에 세상은 너무도 악하고 그것을 두려워하는 나도 악하고. 사람은 원래 너무도 악하다는 것을 믿지만 그럼에도 나는 세상을, 사람을 그렇게나 사랑해.

그래서 그런 세상을 잘 살아내기 위해서, 사람을 더 가까이에서 사랑하기 위해서 거짓말을 해. 어떤 말을 들어도 나는 괜찮다고, 나는 아주 멀쩡하다고 말이야. 온갖 혐오가 난무하는 세상에서 나는 혐오하지 않는다, 하고 외치기에 내 속은 너무 좁고 작아. 그런 것들엔 용기가 필요하지. 그래서 너를 존중하지만 나는 아니야, 하고 꼭 전제를 붙이고는 해. 이렇게 비겁한 나도, 정의를 고민하는 나도 이제는 어느 쪽이 거짓이고 진짜인지 모르겠어. 점점 경계가 흐려져 가는 것만 같아서 무서워.

그런데, 그런 내가 너만큼은 속이려 들고 싶지가 않아. 너에게는 내

진짜를 보여주고 싶어. 내가 가꾸고 아끼는 내 마음을 조금은 드러내 보고 싶어. 용기는 부족해도 불의를 참지 못하는 성격을, 소심해도 할 말은 다 하고 들려는 거센 단점을, 마구 웃다가도 한없이 사유할 수 있는 나의 상처를. 다 한 번 보여줘 보고 싶어. 네가 도망간대도 난 괜찮아. 너를 속이지 않았다는 것만으로 나는 행복할 수 있거든.

거짓을 말하면 병을 얻고 그래서 자꾸만 속병이 나고 내 모습을 못 견디게 미워하고 또 원망하지만, 또 거짓된 나를 찾는 일이 이제는 정말 지겨워. 지루하고 따분해. 그럼에도, 너에게 거짓을 말하는 일은 용납할 수 없는 거짓이고 용서할 수 없는 모습인 것 같아서 진실한 사람이 되겠노라 다짐해. 그 다짐하는 일조차 생기 있고 참 신나는 일이지. 진실을 말하는 것이 가장 어려운 세상에 살고 있으니 말이야.

있잖아, 그래서 너만큼은 속이려 들고 싶지 않아. 이제는 조금 솔직해져 보고도 싶고, 내 맨얼굴로 대화하는 재미도 알아가보고 싶고, 지루하고 따분한 거짓을 택하는 것이 더는 안전하지 않다는 것을 느껴보고도 싶어. 거짓을 택하는 것은 너무도 쉬운 일이고 때로 나를 위하는 듯하지만, 결국 그건 나를 갉아먹는 일인 것 같아서 그렇다? 어쩌면 나는 나를 속이며 살아가고 있었나 봐. 병이 나 너덜너덜해진 온몸을 보고도 마음을 또 속였나 봐. 진짜 희미해진 건 몸이 아니라 마음이었는데도 말이야.

이제는 말할 수 있을 것 같아. 내가 누구인지, 어떤 마음을 가졌는지, 어떤 생각을 좇고 있는지, 그 모든 것들을 다 말할 수 있을 것만 같아. 너를 속이지 않기 위해서, 결국은 나를 속이지 않기 위해서 시간이 오래 걸려도 하고 싶은 말들을 할게. 그렇게 고른 말들이 더 나은 세상을 만드는 것에 먼지 한 톨 정도는 얹을 수 있도록 애쓸게. 점점 모두를 속이지 않을 수 있는 사람이 될게. 그런 세상을 사는 사람이 될게. 그것만은 잊지 않고 늘 다짐할게.

 애정을 담아, 어느 밤에.

흰쌀죽

나는 이제 엄마가 해준 죽을 싫어하지 않으려고.
왜냐고?
죽을 만드는 것에 얼마나 많은 정성과 마음을 쏟아야 하는지 알았거든.
내가 만든 죽을 먹을 그 사람이 더는 아프지 않았으면 하는 마음,
그렇게 죽을 1시간이고 내내 저으며 마음을 쏟아야만 하는 그 일을
더이상은 싫어할 수가 없거든.

근데 사실은, 나도 엄마를 싫어했던 게 아닐지 몰라.
내가 아플 때마다 엄마가 해주던 흰쌀죽도
나의 엄마로 살아가는 엄마도
난 그냥 조금 미웠던 걸지도 몰라.
나는 늘 엄마 품이 그립고
아플 때면 엄마의 그 흰쌀죽이 그립고
이제는 그 죽에 엄마의 마음이 담겼다는 걸 절실히 알고.

그래서 실은 엄마를 너무 좋아해서 그러는 걸지도 몰라.
애정해서, 다정한 그 마음을 받아들이지 못하고

내 모든 초점이 온껏 엄마를 미워하는 일에 가 있었는지도 몰라.
애석하게도, 아주 못되게도.

그러니 나를 이제는 미워해도 좋아-
나를 더는 사랑하지 않아도 괜찮아.

제자리걸음

요즘 늘 생각해요, 더는 도망가지 말자고.

도망가지 말자,
도망가지 말자,
도망가지 말자.

더는 현실을 외면하고 도망치는 일 따위 하지 않으려고요.
근데 참 어려워요, 그게.

도망치지 않으려 더 발버둥 치고 상황을 직면하지만
결국 나가떨어지는 건, 상처받고 우는 건 나거든요.

그럼에도 생각해요, 정말 도망가지 말자고.

도망가지 말자,
도망가지 말자,
도망가지 말자.

꼭 세 번을 다 말하는 건, 저에게는 마치 주문 같은 말이기 때문이에요.
적어도 세 번은 말해야 굳게 다짐하고 그 순간을 넘길 수 있거든요.
적어도 세 번은 외워야 그 순간만이라도 꿀꺽 삼킬 수 있거든요.

제 모든 일은 삼켜야만 넘어갈 수 있어요.
그게 바로 저주 같은 일이죠.
삼키지 않으면, 다 삼켜 마음에 묻어버리지 않으면
자꾸만 삐져나오고 나를 찔러요.

그래서 저는 다 삼켜 버려요.
삼켜서 내 마음에라도 버리지 않으면,
정말 버려지는 건 나일 테니까요.
더는 버려지고 싶지 않고, 그래서 또 생각해요.

도망가지 말자,
도망가지 말자,
도망가지 말자.

제발 더는 도망가지 말자.
다시 버려지지는 말자.

헤매지 말고, 길 잃지 말고.

사람이 너무 힘들면 정신을 놓아 버리잖아요.
놓아 버리다.
묻어 버리다.
삼켜 버리다.
결국 다 '버리다'가 결론이거든요.

차라리 잘된 것도 같아요.
다 잊어 버리자, 놓아 버리자, 이것보다도
힘듦에 잠식된 지금을 그냥 받아들이면 되니까요.

힘들어 마음이 찢겨도, 저릿해도
그냥 그 순간을 받아들이고. 삼키고,
아, 나 또 당했구나 하고 힘들어하면 되니까요.

힘들어요. 너무너무 힘들어요.
그런데 뭘 어떡하겠어요, 나는 오늘을 살아가야 하는데.
놓을 수가 없거든요.

다 내가 자초한 일 같아서 누구를 원망할 수도 없거든요.

그럴 때는 도리어 쉬워요.
나에게 해줄 수 있는 것들을 다 포기하면 돼요.
그게 가장 쉬운 방법이에요.
나를 놓을 수는 없으니, 나의 행복을 놓으면 돼요.

행복이라고 꼭 내가 필수 요소인 것은 아닐 테니까요.
그 행복, 나한테 못 온 행복 다 어디 가지 말고
내가 사랑하는 사람들, 그 사람들한테 조금 더 가라고 말하면 돼요.

헤매지 말고, 길 잃지 말고. 길 잘 찾아서 그 사람한테 가라-

마음속으로, 때로는 입 밖으로 자꾸 기도하면 돼요.
그러면 그만큼 그 사람이 행복할 수 있겠거니 싶어서 괜찮아져요.
나한테 못 온 작은 행복이더라도요.

그럼에도

절망의 파고가 매번 찾아오는 것은 아니고
그렇지만
매번 무너지지 않을 순 없다는 것을 알지만서도
그럼에도
어디 한 번 거세게 불어봐라 하며
바람에게 덤벼보는 시간.

마음 숲

  나는 사람을 끝없이 좋아하는 성격을 타고난 탓에 늘 사람을 생각하고 사랑하며 살아간다. 사람 없이는 살 수 없는, 사람 좋아 인간으로서 끊임없이 누군가를 생각하고, 사랑하고, 상처받아도 다시 사랑하고, 생각하고, 떠올린다. 그래서인지 사람을 생각할 때면 마음속에 사람별로 생각이 구분되어 있다고 여겨왔다. 사람에 따라 감정, 생각, 경험, 기억, 추억이 다 다르므로 그들이 모두 다른 줄기로 뻗은 줄만 알았었다.

  살아가면서 여러 사람과 관계를 맺고 그들에 대해 생각하며 살아가지만, 어느 한 사람에 대한 고민은 다 같은 줄기인 줄로만 알았다. 한 줄기가 온전히 한 사람의 것이어서, 그 사람에 관한 생각, 사랑, 마음, 고민 등 그를 생각하며 떠올리는 모든 것들이 그 한 줄기 안에만 있는 줄 알았다.

  그런데 그게 아니었던 것이다. 내가 관계를 이어가는 이유는 대부분 나의 애정이 기반이고, 각 사람에 대한 생각, 사랑, 마음, 고민이 다 연결되어 있었던 것이었다. 관계를 이어 나가는 이유의 뿌리가 같아서일까, 줄기마다 사람이 나뉘는 것이 아니라 시시각각 변하는 내 마음이 다르게 담기는 것이었다.

 사람별로 다른 줄기가 있다는 것을 믿어오다가 자꾸만 다른 줄기에서 다른 이에 대한 생각이 불쑥 나타나는 것이 처음에는 너무도 당황스러웠다. 한 사람에 대해서 끝없이 생각하고 고민하다 보면 느닷없이 더 큰 감정을 느끼게 해주었던 다른 이가 생각나고, 이번에는 그 다른 이에 대해 하염없이 그리워하고 후회하다 보면 예고 없이 반대 감정을 느끼게 해주었던 또 다른 이가 생각나고. 성별, 나이, 관계의 정의 다 상관없이 자꾸만 다른 이에 대한 생각으로 이어지는 것이었다.

 끝없이 생각하는 나날을 보내면서도 내 생각 줄기가 모두 연결되어 있으며, 결국은 줄기 별로 들어있던 것이 각 사람이 아닌 그때의 내 감정이고 마음임을 알지 못했다. 누군가를 만날 때, 누군가와 함께 있을 때 하나의 감정을 동일하게 가져가지는 않기에, 시간과 장소에 따라 수도 없이 변하는 마음이기에 자연스레 마음이 결단한 일은 바로 생각 줄기를 마음에 따라 나누는 것이었다. 큰 혼란을 겪는 것을 막고자 큰 생각 줄기에 다르게 담은 것이며, 세세한 작은 줄기는 또 그들끼리 연결되고 구분되며 뻗어져 있는 것이었다. 마치 아주 큰 나무와 그 나무로 가득 채워진 숲을 보는 듯했다.

 알 수 없는 꿈속에서 이렇게 생각이 모두 정리되었을 때, 나는 미로를 빠져나온 듯이 가뿐한 기분을 느끼며 잠에서 깰 수 있었다.

내가 좋아하는 사람

내게 누군가를 진짜 좋아한다는 건,
같이 공룡 전시박람회를 갈 수 있는 것.
민트초콜릿과 민트 초코 아이스크림을 먹을 수 있는 것.
함께 사람이 가득 찬 광장에서 손을 잡은 채로
사람들 틈을 지날 수 있는 것.
갯벌에서 조개를 찾으려 마음 놓고 맘껏 뒹굴 수 있는 것.
내 립밤을 언제고 기꺼이 내어줄 수 있는 것.
내가 사는 공간과 애정하는 물건을 자랑할 수 있는 것.
나의 과거를 숨김없이 보여줄 수 있는 것.
콩깍지 없이 변함없는 마음을 표현할 수 있는 것.
매일이고 너를 좋아한다 말할 수 있는 것.
내가 노래 부르는 목소리를 들려줄 수 있는 것.
힘들 때 떠올리는 사람이 생기는 것.
꾹 참고 잘 견디는 법을 잘 알게 되는 것.
괴로운 밤을 지나면서도 그 사람의 평안한 밤을 기도하게 되는 것.
새벽 해가 떠오를 때 그 사람의 오늘을 응원하게 되는 것.
맛있는 것, 좋은 것을 보면 자연히 떠오르는 사람이 생기는 것.

내가 아끼는 책을 마음껏 소개할 수 있는 것.
하루 종일 고기만 먹는대도 함께 맛있어 할 수 있는 것.
늦잠을 잤다고 말할 수 있는 것.
어떤 질문을 해도 기쁘게 여기며 정성껏 답변할 수 있는 것.

 이 모든 걸 다 합하면 그게 사랑이라, 결국 나는 또 사랑을 하고 내 마음이 텅 비어버릴 때까지 마음을 준다. 정말 좋아해서, 그게 다 사랑이라 그렇다. 좋아하는 마음을 보여주고 싶어서 그렇다.

 그렇게 원 없이 사랑하고 사랑하며 살아가는 것이 순간의 연속이면 결국 인생이 된다. 살아가는 나날을 사랑으로 가득 채우기에 삶은 너무 짧고 정작 사랑을 할 수 있는 날은 흔치 않다.

 그럼에도 사랑하고 사랑하는 일을 찾아 반복하는 것이 사랑을 하려는 이유이다. 사랑 없이는 결코 살아갈 수 없는 인간인 탓이다. 사람을 너무도 사랑해서, 너무도 좋아해서 사랑으로 살아가는 탓이다.

결국은 나도 한 번 나를 사랑해 보려는 것이다.

신발 꾸러미

 나는 걸어 다니는 걸 좋아하는 사람이다. 시간과 여유만 있다면 느긋하게 걸어 다니는 것을 선호하는 사람이다. 일상을 지날 때는 일이 바쁘고 정해진 시간이 있으니, 걷는 일은 우선순위에서 자꾸만 밀리지만 그럼에도 쉬는 날이면 가까운 거리는 곧잘 걸어 다니곤 한다. 가까운 거리의 기준은 그런 날마다 늘 바뀌어서, 어느 날에는 15분 거리가 되어 있고 어느 날에는 1시간 20분 거리가 되어 있다.

 나는 걷는 일보다는 신발을 편식하는 사람에 가깝다. 걷는 거리와 걷는 행위에 대해서는 거리낌 없지만, 허락되는 시간 안에서 자유로이 걸어 다니지만 신발을 신는 것에는 유독 제한된 사람이 된다. 좋아하는 신발도, 좋아하는 마음이 들어 산 신발도 많지만 결국 손이 가는 것은 하나 혹은 둘. 신발 꾸러미 중 몇 가지만을 골라, 몇 가지도 아닌 하나 혹은 둘만을 골라 찢어지고 갈라질 때까지 신는 것이었다. 그래서인지, 늘 애정하는 신발이 정해져 있다.

 애정하는 신발이 불편한 것이어도, 아주 편한 것이어도 걷는 일에 큰 지장이 가지는 않는다. 생각해 보면, 아무래도 뛰는 일에만 꼭 신어야 하는 신발이 정해져 있는 것 같다. 뛰는 일 앞에서 선택하는 것은 애정하는 신발은 아니지만, 내가 늘 정해둔 신발이다. 뛰는 것에만 집중할 수 있는 신발. 신발 꾸러미 중 꽤 높은 순위에 속하는 편이다.

오래 걷는 일을 앞두고 정하는 신발은 늘 애정하는 신발이다. 그러나 발뒤꿈치가 잘 까지는 신발은 그것이 아무리 제일 애정하는 신발이래도 잘 신지 않는다. 걸어 다니는 것을 방해받고 싶지 않은 마음도 클 테고, 무엇보다 발뒤꿈치가 아주 잘 까지고 피가 줄줄 새는 편인 탓에 오래 걷는 일에는 전혀 효율적이지도, 도움이 되는 일이지도 않아서 그렇다. 그것은 불편함을 넘어서는 다소 어리석은 일이라는 생각이 들어서이기도 하다.

그럼에도 마음이 조금 힘든 날이면 일부러 그 신발을 꺼내 신었다. 신고 다니는 동안에는 적어도 아픈 발뒤꿈치 생각뿐이겠거니 싶어서 그랬다. 그런데 반대였다. 발뒤꿈치가 아프다며 그걸 생각하는 건 너무 잠시였고, 반대로 다른 생각에 빠져있느라 발뒤꿈치가 아픈 것도 잊고 있었다. 피가 줄줄 나는 것도 모른 채 다른 생각에 빠져있었던 것이다.

그렇게 신발 꾸러미 속에서 어리석은 선택을 하며 걷는 일을 생각하고, 또 걷는 일을 생각하며 신발에 대해서 떠올리고. 그러다 보면 발뒤꿈치에 있는 상처는 어느덧 주요한 것이 아니게 된다.

여전히 어느 상처가 주요한지 알지 못하면서도 그 신발을 신는다. 어느 한 쪽에라도 빠져 있고 싶은 탓이다. 그러다 보면 어느 한 쪽이라도 잊겠거니 싶은 탓이다. 정말 다 잊고 싶은 탓이다.

초록빛 가득히도

한없이 투명해진
끝없이 드리워진

숨결 한 모금
어둠 한 스쿱
생기 한 다발
그 모든 순간을 더한

자주 슬피 울어도
때로 원 없이 웃는

좋아하는 것에 환히도 피고
초록빛 가득히도 저물고
끝내 울어도 잘도 아무는 생채기
그걸 다 합치면

나는 그걸 너라고 배웠다

이유는 몰라도
그걸 너라고 배웠어

배워서 너 주는 건 아녀도
그렇게 배워서 앍은 나는

너라고 배웠다
배울 때 기뻐서
자꾸만 눈길이 가서
그걸 너라고 배워서
사랑할 수 있을 것만 같았다

그걸 너라고 배웠어

재미있는 일은 한 번에

 어느 밤, 오늘 어떤 일이 있었나 복기해 보던 찰나에 불현듯 스치는 두 가지 일이 있었다.

 오늘 아침 나는 계획했던 것보다 늦잠을 잤고, 그래서 8시 30분쯤에 일어났다가 계획이 이미 어그러졌음을 깨달았다. 나는 오늘이 휴일임을 다시 생각하고는 별다른 고민 없이 다시 자기를 선택했다.

 얼마나 시간이 흘렀을까, 나를 잠에서 깨운 것은 알람도, 전화벨도 아닌 도어락 소리였다. 삐빅 삐빅 버튼을 누르는 소리와 그 숫자가 아니라며 띠리리리 울리는 도어락 소리. 집에는 이미 그 집에 사는 사람인 내가 있는데 대체 누가 우리 집 도어락을 누른단 말인가. 현관 바로 옆에 위치한 방에서 자고 있었기에 그 소리는 더욱 크게만 느껴졌다.

 두어 번을 더 해보던 사람은 그 뒤로 더는 도어락 번호 키를 누르지 않고 사라졌다. 기억하기로 아래층에 있는 우리 집 바로 아랫집에 들어갔던 것 같다. 아랫집이 이사 나간 지 얼마 되지 않아 아마도 집을 보러 온 이가 층을 헷갈린 것이 아닐까 생각한다(아무리 그래도 보러온 집의 층수를 헷갈리는 것이 썩 이해되지는 않지만 말이다).

 비몽사몽이었던 나는 무서움의 감정을 느낄 겨를도 없이 잠에서 헤어나오느라 오랜 시간이 걸렸고, 다행인지 그 덕에 그리 큰 무서움 없이 아침을 지낼 수 있었다.

 그리고 점심쯤 나는 강아지와 산책에 나섰다. 내가 늦잠을 잔 탓에 마음이 급해진 강아지가 빨리 산책하러 나가자며 성화를 부렸고, 못내 미안해진 나는 오늘 본가에 가려 미리 챙겨놓았던 짐을 서둘러 가지고 산책에 나섰다.

 아빠에게 미리 공원에서 만나자고 전화를 해둔 후에 집 근처 공원으로 한가롭게 가던 순간이 선명하다. 화창한 날씨 탓에 선글라스를 낀 채 조금 어두운 시야를 선택해야 했지만, 그리 덥지도 않은 날씨 좋은 날이라고 생각했다. 물론 털로 뒤덮인 저 아이가 느끼기에는 상당히 더울 것 같아 해가 중천에 뜨고서 산책을 나온 것이 아주 미안한 감정이 앞섰다.

 그렇게 여러 생각을 하며 함께 산책했고, 잘 마치고서 공원에 도착했다는 아빠의 전화를 받고는 공원에서 나가는 참이었다. 그때, 어느 안경 쓴 남자가 나에게 말을 거는 것이었다. 아주 작은 페트병 생수를 정확히 두 개 들고 있었고 얼굴에는 까만 뿔테 안경이, 한 손목에는 남색

에코백이 걸쳐 있었다. 날이 많이 더운데 물 어떠냐며 나에게 물을 건네며 웃어 보였고, 당황스러움을 느낄 새도 없이 아빠를 발견한 나는 아뇨-하고 목인사를 건넨 뒤 강아지와 아빠에게로 뛰어갔다.

역시나 이번에도 아빠를 발견하고선 달려가는 강아지 덕에 허둥지둥했던 나는 무서움이나 당혹감의 감정을 느낄 겨를이 없었고, 다행인지 그 덕에 그리 큰 일 없이 점심을 지날 수 있었다. 나중에 들은 이야기지만, 그 남자가 내가 거절하고 지나간 후에도 강아지를 산책시키는 다른 여자의 뒤를 따라가 말을 걸기 위해 기다렸다고 하며 그때 남자의 손에는 (분명 나에게 5분 전에 말을 걸 때에는 손에 들려있던) 생수 두 병이 없었다고 한다.

도무지 의중을 알 수 없고 완전히 이해는 할 수 없는 일들이 연달아 하루에 일어났다는 것을 알아차렸을 때, 역시 재미있는 일은 한 번에 일어나는구나 하고 생각했다. 다소 꺼림직하고 당혹스러운 일을 그저 재미난 일이었다며 유별난 하루로 넘길 수 있다는 것이 기꺼운 밤이었다.

마음 날씨가 화창하든, 화창하지 않든 그저 오늘처럼 늘 재미나고 유별나게만 느낄 수 있으면 좋겠다고 생각했다. 어떠한 일도 재미나고 유별난 일로 치부할 수 있다면 하루하루가 참 생기 있을 것 같다고도 생각했다. 그렇게 '재미나다, 유별나다'만으로 충분히 견딜 수 있는 하루가 연속된다면 좋을 것 같았다. 그렇지 않더라도 내 마음이 그렇게 너그러이 넘어갈 수 있다면 참 좋을 텐데. 그런 생각들로 갈무리된 밤의 끝이었다.

가여움의 조각들

　내가 기쁘게 여기지 않으면, 그 길로 사라져 버리는 가여운 일들이 있다. 설령 그게 불행의 조각일지라도 말이다.

　하루를 지나며 겪는 모든 일들이 기억에 남지 못하면, 그 기억들은 결국 조각이 되어 으스러지고 부서져서는 끝내 사라진다. 영영 없던 일이 되어버리는 일들이 있는 반면, 오래도록 기억에 남아 영원한 순간이 되는 일들도 있다. 그 일은 기억 속에 저장된 소중한 추억이 되어, 살아가며 문득 혹은 어느 순간마다 떠올라 자신의 존재를 뚜렷이 나타낸다.

　소중한 추억이 되지 않더라도 나에게 남아있는 많은 기억 중에는 너무도 떠올리고 싶지 않아 오래도록 기억되는 일들 또한 있다. 그리 소중하지도, 찬란하지도 않은 일이었음에도 매 순간 나타나 나를 괴롭히는 일들이다.

　오늘은 그런 모든 기억에 대해 한참을 고민하고 여러 일을 떠올리는 날이었다. 기억하고 싶지 않던 일이 자꾸만 떠올라 힘들었던 마음이 세 번, 좋았던 기억이 문득 떠올라 고마웠던 마음이 네 번이었던 어느 하루였다. 기억으로 인해 힘든 순간이 있었더라도 또 다른 기억으로 다시 잊을 수 있어 좋았던 하루였다고 생각하던 찰나, 너무도 하찮아 내일의 기억에는 남지 못할 일들이 떠올랐다.

 작은 파편으로 흩어져 다시금 꺼내는 것에 많은 마음을 쏟아야 했지만, 다시 떠올리고 나니 하나의 어엿한 기억이 될 수 있을 것 같은 일들이었다. 도로 한 구석에 구겨져 작게나마 고개를 내밀던 민들레를 본 일, 자기 집 문틈에 끼어 처량한 표정으로 주인을 바라보던 생쥐의 영상을 본 일, 길에 놓인 사탕 껍질을 한참 동안 바라보던 아이를 본 일. 그런 작고 작은 기억의 일이었다.

 그런 조각들을 모아 차곡차곡 다시 쌓았다. 다시 쌓고 보니 꽤 많은 기억이 눈 앞에 놓였다. 이런 일들도 어느 누구에게는 멋진 기억일 수 있다는 사실이 좋았다. 어느 멋진 일들을 모아 기억으로 만드는 멋진 사람이 된 기분이 들었다. 나 하나 기쁘게 여기지 않았다고 그 길로 사라져 버리기에는 꽤 빛나는 구석이 있는 일이 많았다. 내가 왜 잊으려 했을까. 미처 기억하지 못했던 이유가 뭘까 하는 소중한 일들도 있었다.

 침대 한 편에 누워 있는 강아지의 반지르르하게 빛나던 콧잔등을 본 일, 나의 시답잖은 농담에 빵 터져 한참을 웃는 룸메이트를 본 일, 꼭 쓰고 싶은 글감이 떠오르자마자 메모장에 적어 오래도록 기억해야지 다짐했던 일. 그런 사소한 일들도 있었다.

  기억들도 좋은 주인을 만나지 못해 소중한 일이 되지 못한 것이, 시선 한 번 제대로 받지 못하고 까무룩 지는 일이 되어버린 것이 가여웠다. 오늘은 어느 기억에 가여움을 느낀 하루였다. 그런 가여움의 조각을 모아, 언젠가 멋진 글을 쓰고 싶다는 다짐하는 하루였다. 적어도 이 글에 적은 몇 가지의 일만큼은 오래도록 잊지 못할 것 같다.

총량의 법칙

 재밌는 일을 한다는 건 사실, 대가가 있는 것이었다. 마음 뛰는 일을 할 수 있다는 건 사실, 총량의 법칙을 어긴 일이기도 했다. 좋아하는 일을 하며, 심장이 세차게 뛰어대는 일을 하며 조금씩 조금씩 내 행운과 행복을 가져다 썼다. 불행과 행복은 총량이 있어서 어느 하나가 늘면 다른 하나는 꼭 줄어야 하기에 그랬다. 나도 모르는 새에 그랬다.

 그래서 마음 뛰는 일을 하다가 더는 심장이 뛰지 못할 줄도 몰랐다. 불행과 행복과 내가 가진 행운이 그저 다 다른 카테고리인 줄로만 알았다.

 사람들 사이에 내가 한없이 지루한 사람일지 몰라도, 좋아하는 일에서만큼은 달랐다. 나는 생기 넘치는 사람이 될 수 있었다. 그저 그 자리에서 주어진 일을 열심히 해내는 일반적인 내가 아니라, 좋아하는 일, 재밌는 일, 마음 뛰는 일을 하며 총총 잘도 뛰어다니는 생기 있는 나였다. 꿈이 있다는 것, 그것만으로도 심장이 거세게 뛰고 하루를 그 생각에 행복하게 보낼 수 있었다. 일주일을 일해도, 어느 밤을 새도 마냥 좋았다. 내 모든 행운과 행복이 사랑하는 일에 들어 있는 기분이 꽤 기뻤다.

 사는 것의 재미도 모른다며, 미래도 없는 일을 한다며 여러 시선을 받기도 했지만 괜찮았다. 그보다 더 가치 있는 일을 하고 있기 때문이었다. 글을 사랑하고, 책을 소중히 여기고, 그런 사람들을 만나고. 그만큼 마음 뛰는 일을 할 수 있다는 건, 총량의 법칙을 어기면서도 할 가치가 있는 일이었다.

 일상에 수많은 불행이 뛰어들고, 비에 젖은 생쥐 마냥 초라한 모습이 자주 있더라도 내가 마음 뛰는 일을 하고 있다는 것은 변함없었다. 다 다른 카테고리인 줄로만 알았던 것이 알고 보니 총량으로 묶인 하나의 것이었다 해도, 나도 모르는 새에 조금씩 조금씩 내 행운과 행복을 가져다 썼다 해도 좋았다.

 내가 더는 심장이 뛰지 못하는 가짜이더라도, 그래서 잘 살아가는 법도 사랑하는 방법도 잊어버린 가짜이더라도, 진짜 나를 드러낼 수 있고 찾게 해주는 일을 놓을 순 없었다.

 앞으로도, 내가 한없이 초라한 사람이더라도 마음 뛰는 일, 좋아하는 일, 재밌는 일 다 놓지 않고 온통 그것들로 가득한 날이 올 때까지 총량의 법칙을 맘껏 어길 생각이다.

전하지 못한 말

전하지 못한 말

고민하다가 고민만 하다가
결국은 전하지 못한 말이 있었습니다
그 말을 하는 지금도 여전히 전하지 못하고
마음 한구석에 남아 있는 말이 수북합니다
영원히 전하지 못할 테지만
그럴 것이 분명하여 이곳에 남겨 두었습니다

제자리걸음 2

답장조차 하기 싫은 순간에는
늘 생각해요.

도망가지 말자,
도망가지 말자,
도망가지 말자.

싫은 마음, 도망가고 싶은 마음 다 꾹 참고
세 번 생각하면 좀 나았거든요.

그런데 사실 세 번 생각하는 것으로는 안 돼요,
꼭 세 번 더 글로 써야 마음이 풀려요.

지금 이 답장도
세 번 생각하고
세 번 쓰고서야
하는 거예요

그만큼의 마음이에요.
도망가지 않으려는 필사적인 마음도 같이 들어있는
꽤 큰마음이에요.

견딜 수 없이

　나를 초라하게 만드는 사람이 있다. 분명 함께 시간을 보내고 있는 것은 서로 마음이 맞았기 때문일 것이고 함께 있고 싶기 때문 일텐데, 같이 있는 것만으로도 나를 보잘것 없는 사람으로 만들어버리는 사람이 있다. 함께 나누는 대화, 함께 맞추는 눈, 함께 보여주는 마음. 그런 것들은 모두 혼자서는 가질 수 없고 함께 해야 하는 것인데 자꾸만 내가 혼자여서 가질 수 없는 것이라 느껴질 때가 있다.

　똑같은 대화를 나누고 비슷한 취향을 가져도 내가 가진 것이 장점이 될 수 없게 만드는 사람을 만난 어느 날이었다. 내가 보여주고 싶던 모습이 무색하게 나를 훤히 들여다보려고 하는 사람이었는데, 취향이 맞아도 대화가 잘되지 않을 수 있다는 것을 느끼게 하는 사람이기도 했다. 나에게 하는 질문은 날카롭지만, 그 날카로움에 베일 걱정은 해주는 사람. 내가 다시 던지는 질문에는 답하기보다 나를 의아해하는 사람. 그때는 사려 깊은 사람인 줄 알았으나 시간이 지나고 다시 떠올린 그는 아주 무례한 사람이었다. 아주 능숙하게도 나를 초라하게 만드는 사람이었던 것이었다.

그때는 몰랐고 지금은 아는 사실이지만, 그 사람 앞에서 내가 한없이 초라해졌었음을 이제 알고 있지만 그때 적었던 일기를 다시 보았을 때 깜짝 놀랐던 기억이 있다. 분명 그때의 나는 몰랐었는데, 내 무의식이 초라함에 대해 적은 것이 있어서였다. 그 사람 앞에서 한없이 작아지는 내가 속상하고 움츠러드는 모습이 부끄러웠지만 그 감정들과 함께 있던 단어는 '초라함'이었다. 아래의 글이 그때 적었던 일기의 일부이다.

솔직히 나는 초라하고, 초라하고, 초라하지만서도
내 글이 초라한 것은 견딜 수가 없다.
견딜 수 없이 화가 난다.

내가 이러한 내용의 일기를 썼었다는 것을 알았을 때, 나는 오히려 웃음을 터뜨릴 수 있었다. 나를 초라하게 만드는 사람을 만나고 와서는 문득 글에 분풀이한 것을 보니 그러지 않을 수 없었다. 내가 스스로를 초라하다고 여기고 그것을 인정하긴 했지만, 내가 쓴 글이 초라한 것은 참을 수 없이 화가 나 못 견디겠다는 사실이 꽤 유쾌했다.

아무도 나를 초라하다고 한 적이 없었고 무엇보다 글에 대해 초라하다고 말한 적이 없었는데(먼저 글을 보여줄 용기조차 없었을 것이 분명한데), 이렇게 화가 나 견딜 수 없어 그 마음을 일기에 꾹꾹 눌러 적은 것이 정말 나다워서 놀랐다. 글로 푸는 사람. 글을 아끼는 사람. 내 글이 보잘것없어도 그럼에도 아끼는 사람. 어쩌면 본모습은 정말 초라

할지 모르는 사람. 그것이 다 내 모습이고 나다움일 텐데 말이다.

  한없이 초라해진 모습으로 누군가의 앞에 서 있던 마음과 다르게, 요즘은 늘 글 앞에서 초라함을 뽐내고 있지 않은가 하고 생각한다. 내가 초라하고, 초라하고, 초라하지만서도 내 글이 초라한 것이 되지 않도록 말이다. 그렇게 내 모습만 보여주며 그 투명함을 담은 글이 망가지지 않도록, 움츠러들지 않도록 여러모로 애쓰고 있는 요즘인 것 같다.

마지않고 사랑한

닳지 않는 연필이 닳아버리는 꿈을 꾸었다.
뾰족했던 심 끝이 다 문드러져 뭉툭해진 모습을 보았다.

마지못해 살아가는 것에 대한 생각을 했다.
마지못해 하는 일에 대한 생각을 해보았다.
마지못해 사랑하는 이에 대한 생각을 했다.

사랑은 역시 마지않고 하는 것인가 보다.
사랑해 마지않는 것에 대해 생각하니 선명히도 네가 떠올랐다.
오늘도 마지않고 살아가며 사랑해 마지않고는 못 견디게 환한 너를
오늘도 마지않고 사랑한 탓이다.

복숭아 한 입 베어 물듯 싱그러움 가득한 뺨을
청포도 한 알 굴러가듯 동그랗고 작은 동공을
그리도 잊지 못하고 사랑한 탓이다.

깜장 빛 가득한 마음을 끝내 밀어내지 않은 탓이다.

마지않고 살아가게 해준 너를 마지못해 잊고 사려는 탓이다.

영영 견뎌야 할 사랑이 결국 내 벌인가보다.

무지개다리 너머 세상도 살 만 하지?

살다가 문득
사는 게 힘에 부칠 때
숨 쉬는 게 벅찰 때
사랑하는 것의 눈동자를 한없이 바라볼 수밖에 없을 때
그럴 때 늘 나를 붙잡는 한 가닥이 있다.
나만 보며 나만 생각하며 사는 하나가 있다.

그래서 놓을 수 없는 삶이었다.
그게 마냥 영원할 줄 알아서
언젠가 끝나버린다는 것도 잊은 채였다.

그렇게 한껏 오만하게 살아가다가
미안함도 가질 수 없이
미안하고, 또 미안한 날이 왔다.

나만 보며 나만 생각하며 사는 하나를 놓지 못해서
하나만 보고 하나만 생각하는 사람이 되었다.

너만 보고, 너만 생각할 수 있는 날이 다시 와줄까
하는 노파심 탓이었다.

다시 만나면 더 잘해줄 텐데,
이런 마음도 내 후회를 덜려는 사치 같아서
울음도 꿀꺽꿀꺽 잘만 삼켰다.

나만 보고 나만 생각하는 하나가 그리운 마음에
그리움에 잠겨
그리움으로만 살아가는 날들이었다.

! (느낌표 붙이기)

　글로 마음을 풀어야 하는 게 문득 기구한 날이었다. 글로만 풀리는 까다로운 마음 탓에 내 상처를 여러 번 들여다보아야 했던 탓에 기구한 마음이 들었다. 동시에 이건 얼마나 축복받은 일인가 싶어 다 느낌표를 붙여주고 싶었다.

　아!
　우와!
　글!
　마음!

　다 붙이고 보니 꽤 생기 있어 보였다. 나에게 활기를 주던 건 결국 글이었을 텐데도 그걸 잊고 살아간 틈이 가장 기구해 보였다. 결국은 글 덕분에 또 한 번 이겨낸 것이었다. 매 순간을 글로, 글에 기대어 버티고 이겨내고 살아낸다.

　잊지 말자. 기구한 건 나다.

어느 오후

　나는 사람들을 구경하는 일을 좋아한다. 창가에 앉아 이런저런 일들을 벌이는 여러 사람들을 보면, 저마다의 생각을 몰래 들여다보는 것만 같아 즐겁다.

　어느 오후에 나는 바다가 잘 보이는 카페에 앉아 사람들을 보며 글을 썼다. 아주 먼 곳의 사람들까지 잘 볼 수 있는 4층 통창 앞이었다.

바다의 잔물결과
모래사장을 가르며 뛰어다니는 큰 리트리버와
다 다른 모습으로 사랑을 속삭이는 연인들과
모래 속을 한없이 파고들며 자신만의 성을 쌓는 아이들과
아장아장 뭐가 그리도 좋아 함박웃음을 지은 채 걸어 다니는
작은 몸집의 아기와
작게 일렁이는 파도와
그 파고를 견디지 못한 채 넘실대는 형형색색의 튜브들.

　굳게 바다를 가르고 서 있는 거대한 다리와 그 아래를 샅샅이 누비는

요트 여러 대까지 하나하나 놓치지 않고 눈에 담고 있자면 마음이 꼭 평안해졌다. 어느 이의 단 한 순간도 놓치지 않겠노라 마음먹은 듯이 눈앞의 모든 이들의 모든 장면을 바라보고 있자면 풍경이 꼭 다 내 세상 같아서 좋았다. 나는 알 수 없는 다른 세상까지 엿보는 것 같아, 그럼 결국 내 것이 아닌 행복도 작게나마 같이 누릴 수 있을 것 같아 좋았다.

바다를 보고 있으면 그런 순간들이 참 욕심이 났다. 다른 세상까지 엿보고 싶고, 내 것이 아닌 행복도 누리고 싶고, 다른 이들의 생각마저 몰래 들여다보고 싶고. 하지만 그럴 수 없음을 알아서 다시 차분해진 마음을 들고 글을 쓰다 보면, 나는 또 다른 순간과 또 하나의 생각으로 빠지곤 했다. 한눈에 다 담기는 바다를 온전히 마음에 담고 싶다고 생각했다.

그러나 바다는 사진에 담기에는 아름다웠고, 드넓었고, 끝을 알 수 없어서 다시 욕심이 났다. 바다를 보는 순간만큼은 눈에, 마음에 바다를 온껏 담아 영영 잊지 않을 수 있도록 하고 싶다고 생각했다.

내 욕심은 다 바다 때문인 것이다. 바다가 나를, 바다가 내 마음을 이리도 욕심나게 만들어 버린 것이다. 그러니 어느 오후의 나는 바다를 탓하며, 바다를 실컷 보고 온껏 마음에 담아갔다. 영영 잊지 않을 만큼의 순간을 많이도 담아갔다. 이것도 다 바다 때문이었다.

아직도 뱉지 못한 말

 좋아하던 사람이 있었다. 그 감정을 겪을 당시에는 '좋아한다'까지 생각이 가지 못하고 으스러져서, 알지 못한 감정에 호되게 당한 시기가 있었다. 우연한 계기로 알아가게 된 사람이었는데, 끝을 정해둔 사이는 아니었기에 여러 번의 데이트 후 관계가 끝이 났을 때는 마음이 아주 쓰렸던 기억이 난다.

 그는 참으로 매력적인 사람이었다. 만남을 거듭할수록 홀린 듯이 궁금해지는 사람이었다. 이성적인 호감과 별개로 처음 보는 유형의 사람이었다. 자신에게 있는 여러 장단점 중에 장점을 돋보이게 할 줄 아는 사람이어서, 사람을 볼 때 장점만 보려는 내가 그에게 속절없이 빠졌던 기억이 있다.

 당시에 우리는 책이나 영화 얘기를 자주 했었고 취향에 놀랍도록 비슷한 점이 많았다. 그래서인지 자연스레 좋아하는 책이나 영화에 관한 대화가 잦았고 그가 읽고 있던 책을 알게 된 후로는 나도 그 책을 읽기 시작하였다. 그 책을 읽는 내내 그에게 말해주고 싶은 구절이 많아 기뻤고, 자연히 그 책을 보면 떠오르는 그 사람 생각에 싱긋 웃음이 나던 때였다. 그 무렵 나는 일찍 일어나 책을 보는 게 하루의 낙이었던 터라 그가 읽고 있는 소설의 중반부까지 금세 다다를 수 있었다. 소설이 끝나면, 함께 이야기해 보자는 작고 귀여운 약속도 한 때였다. 그러나 내가 어느덧 소설의 중반부를 지나고, 네 번의 데이트를 마쳤을 때 우리는 만남을 그만두었다.

마지막 만남 때, 우리는 큰 공원을 따라 걸으며 시간 가는 줄 모르고 대화를 나누었다. 이야기 도중, 함께 이야기하자 했던 약속을 잊지 않았던 나는 소설에 관해 이야기를 꺼냈다. 그는 읽고 있던 소설에 흥미가 떨어졌다며 읽는 것을 멈추었다고 답했다. 흥미진진한 전개에 폭 빠져있던 나였지만, 더 이상 함께 소설 이야기를 할 수는 없었다. 그 사람은 멈추고 나는 멈추지 않은 일을 함께 얘기할 수는 없는 것이었다.

그 사람이 환해 보여서 좋았고, 어떤 질문을 던져도 고심하며 대답하는 모습이 좋았다. 그렇지만 나는 그 환함에 함께 햇빛을 받을 수 있는 사람이 아니었고 그 환함의 그늘에만 발을 담글 수 있는 사람이었다. 그 사람이 솔직하지 못할 때도, 진짜 나를 들여다보려 할 때에도 끝끝내 하지 못한 말들이 목에 탁 걸려서는 여전히 나오지 못한다.

-(진짜) 보내지 못한 말-

근데 오빠 사실 그거 꼭 우리 같았다.
나는 책을 다 읽어가는데 오빠는 이제 더 읽지 않는다는 말,
그거 꼭 우리를 말하는 듯했어.

나는 더는 오빠와 만나서 밥을 먹고, 산책을 하고,
영화를 보지는 않지만, 책은 끝까지 다 읽었거든.
책을 읽다가 오빠 생각이 자주 들었고 책이 끝나고도 종종 생각했어,
나는 그때 오빠를 좋아했었나 봐.

그래서 이제는 알아, 내가 왜 그 책의 결말에 많이 아파했는지.
책의 결말을 알고서 그 결말도, 감정도, 마음도
더는 나눌 상대가 없다는 일에 왜 그리도 오래 쓰렸는지.

오빠는 여전히 모르겠지만서도.

답장

그 말은 꼭 나를 베고 가는 듯했어요.
너는 결국 사랑받을 수 없을 것이라며, 나를 부정하는 듯했어요.
글 자체로 힘이 있던 것은 아니었지만
절실히도 나를 베고 가는 말이었어요.
의미부여하지 않아도 이미 큰 의미를 가지고 있었거든요.
그 안에 들어있는 많은 시간과 대화들은
그 의미를 더 뚜렷이 나타내 주었거든요.
그래서 잔 생채기가 아닌, 큰 상처로 나를 베어놓고 가는 듯했어요.
마치 내가 누군가와 절대 사랑할 리 없다는 듯 했어요.
그 의미가 아니었더라도, 그 말은
결국 그 사람은 나를 베고 밟고서 홀연히 가버린 거예요.

투정

사람 싫어.

사람은 결국 악하고 나를 채우는 일에 방해가 되고.

자꾸만 나는 사람을 사랑하고

사람에게 영향을 받고

또 사람에게 상처받아도 그럼에도 다시 사랑하는 일이 반복된다.

사람 싫어.

너무 좋아서 싫어.

결국 너무 좋아하는 마음도 탈이 난다.

누드톤 립과 코랄빛 블러셔

늦봄에도 향기가 있다.

초봄 내 봄만 타다가
이제서야
꽃이 개화한 후에야
알아챌 수 있는 늦봄의 향이 있다.

늦봄의 향기는
겨우내 퍼석하던 마음에 슬쩍 물 한 방울 주고는
설렘으로 가득하던 그때 그 늦봄의 향으로 빠져들게 만든다.

그런 향기가 있다.
늦봄에도 향기가 있다.

그녀는 그럼 늦봄에 어울리는 사람이었다.
늦봄에, 늦봄이 가진 향기에 딱 맞는 사람이었다.

초봄 내 봄만 타다가
느지막이 맡을 수 있는
넌지시 알아챌 수 있는

아주 새빨갛지도 않은
아주 희멀겋지도 않은
늦봄의 향을 가진 사람이었다.

누드톤 립과
코랄빛 블러셔.
늦봄 마냥 그 둘이 잘 어울리는 사람이었다.

겨우내 퍼석하던 내음에
설렘 가득한 늦봄의 향을 가진,

아주 새빨갛지도 않은
아주 희멀겋지도 않은.

그런 향기가 있다.
늦봄에도 향기가 있다.

첫번째 거짓말

어릴 때 나는 안경을 쓴 친구를 부러워하는 사람이었다. 태어나기를 좋은 시력을 가진 사람이어서, 어릴 때부터 안경을 쓸 일도 없었을뿐더러 시력과 관련해 안과나 안경원에 들르는 일조차 없었다.

반면 눈뜰 때부터 잠에 들 때까지 함께 하는 남동생은 아주 어릴 적부터 시력이 좋지 않아 안경을 써야만 했다. 나보다 어린 게 더 좋은 걸 가졌다고 질투하는 마음도 있었던 것 같다. 그래서였을까, 어린 날의 나는 안경을 쓰고 싶다는 마음을 감추고, 감추다가 결국 거짓말을 해보기로 결심한다. 기껏해야 초등학교 입학이 반년도 안 되었을 어린 날이었지만 안경 쓴 동생을 보며 뭔가 가능성이 있었다고 느꼈던 것이라 짐작한다.

엄마, 나 오른쪽 눈이랑 왼쪽 눈이 다르게 보여요.

의학적 지식이 0에 가까운 어린아이였기에 가능한 터무니 없는 거짓말이었다. 당연히 한 쪽 눈을 감고 바라볼 때 가장 잘 보이는 부분은 다를 텐데, 오른쪽과 왼쪽을 비교했을 때 위치의 차이가 약간이라도 있는 게 당연할 텐데.

 터무니없는 거짓말을 들은 엄마는 그날 밤, 나를 위해 기도해 주는 것으로 적절한 대처와 걱정을 모두 하였다. 우리 딸의 두 눈이 세상을 다르게 본다고 합니다-로 시작했던 것 같은데, 지금 생각해 보니 엄마는 나에 대한 걱정과 사랑을 모두 담아 여덟 살 딸의 마음을 존중해주었던 것 같다.

 그때는 몰랐고, 어쩌면 지금도 여전히 모를 큰 애정을 담은 그 기도가 결국 작은 거짓말의 결말이 되었다. 안경 대신 엄마의 사랑을 받은 것이 꽤 만족스러웠는지 어린 날의 나는 그 길로 안경을 갖는 일은 그만둘 수 있었다.

 훌쩍 자란 지금도 시력이 좋은 나는, 블루라이트 차단 안경을 쓰고 매일 글을 쓰는 사람이 되었다. 거짓말에 담았던 마음을 채 버리지 못하다 스스로 안경을 가지고 싶다는 소원을 이룬 셈이다.

늦잠

늦잠을 잔 이유는 명확했다.
꿈에서 깨고 싶지 않은 탓이었다.
흔치 않은 달콤한 꿈에 빠져 잠시 현실을 잊은 것이었다.

아마 다시는 만날 수 없는 네가 나왔기 때문이었을 것이고,
네가 하는 말
너와 맞추는 눈
네가 들려주는 목소리
모든 게 다 내 것 같았기 때문이었을 것이다.

너와 멀어지는 일이 내겐 가장 오랜 일이었고
그러나 가장 쉬운 일이었으니 그랬을 것이다.
오래오래 멀어지다가 영영 만나지 못할 이별을 고했을 때,
아주 오래 너를 그리워할 것이라는 사실을 알았다.
알면서도 그랬다.
이별을 말하는 것이 그때에도, 지금에도 맞는 사실이라 그랬다.

그런 너를 꿈에서 다시 보았을 때, 다시 만났을 때,
너와 다시 함께했을 때, 너와 다시 손을 잡았을 때,
그래서 다시 너를 마주했을 때
현실에는 없던 다정한 눈 맞춤에 까무룩 속은 것이다.
다시는 없을 다정한 너를 다시 만남에 꿈에서 깨고 싶지 않았다.

모두가 손사래 칠 때 서로의 말을 들어주던,
모두가 아니라 할 때 서로의 눈을 바라보던,
모두가 사라져 갈 때 서로의 틈을 채워주던
내 기억 속에만 살던 너와 정말 마지막임을 알 수 있었다.

이제야 정말 영영 헤어지는 기분이 들었다.
서로를 영영 잊고 잃었으니
이제는 꿈에라도 나오지 않기를 바라며
꿈꾸기를 그만두었다.

정공법

 일전에, 정공법에 대한 어느 글을 본 적이 있다. 정공법을 고수하는 자신의 성격 탓에 꼼수 한 번 쓰지 못하고 오로지 내가 해낸 일, 내가 한 성과만을 가지고 성공을 위해 달려야 한다는 내용의 글이었다.

 그 글을 읽으며 마치 나 같다는 생각을 했다. 내가 어느 큰 성과를 낸 것도, 해낸 대단한 일이 있는 것도, 성공을 위해 달리는 것도 아니었지만 운으로 혹은 꼼수로 쉽게 되는 일 하나 없이 오로지 나 하나만으로 늘 승부를 봐야 한다는 점이 같았다. 나 또한 정공법을 고수하는 성격 탓이었을 테고 행운보다는 약간의 불행을 겸비한 기질 탓이었을 것이라 생각했다. 누군가의 도움을 쉬이 받지 못하는 것도 한몫했을 것이라는 생각 또한 들었다.

 그래도 이러한 성격 탓에, 어떠한 기질 탓에 정공법을 고수하며 (물론 처음부터 고수하는 처지는 아니었고 자연스레 고수할 수밖에 없는 편이었지만) 살아가다 보면 좋은 점도 있었다. 나에 대해서 알아가게 된다는 점이 좋았다. 구불구불하더라도 바로 난 길을 걸을 수 있다는 점이 좋았다. 마냥 한갓지고 평온한 일상보다는 생동감 넘치게 수많은 경험을 할 수 있다는 점이 좋았다. 처음에는 좋은지 몰랐지만, 점점 알고 나니 좋은 점들이었다.

 그냥 남의 도움으로 쉬운 길을 가기보다, 내 힘으로 끙끙 앓으며 맞서고 온몸으로 경험해 보았을 때, 그렇게 하지 않았더라면 지금의 내가 없었을 것이라는 결론을 얻을 수 있었다. 충분히 지루하고 따분한 성격이라고 생각이 들지만, 인생이 지루하고 따분한 것은 참을 수 없는 일이기 때문이었다. 나에 대해 알아갈 기회를 얻고, 나에 대해 온 머리를 싸매고 고민할 기회를 얻고. 굽히고 부탁하고 그런 것들보다 결국 옳다고 생각하는 방향에 한 걸음 더 가까워질 수 있고. 그런 것들이 다 좋았다. 결국은 그게 다 나라는 생각이 들었다.

 한 치 앞도 모르는 것이 인생이라지만 정말 몇 시간 뒤의 나도 상상할 수 없는 순간들이 있더라도, 내 인생을 활기차게 만들어주는 요소라고 생각할 수 있게 되었으니 그것으로 되었다는 생각을 했다. 때로 그런 요소에 지고 한없이 무너지더라도 그 길로 또 성장할 수 있지 않을까 하는 생각을 했다.

 결국 나는 구불구불하더라도 바로 난 길을 걷고 싶다고 생각했다. 평온을 낯간지러워하는 성격 탓에, 다사다난하지 않으면 영감이 떠오르지 않는 사람인 탓에 그런 것이라는 생각을 했다. 내가 지루하고 따분한 일상보다 생동감 넘치고 사건사고가 들끓는 일상을 선호하는 사람일 것이라는 생각을 했다.

그래서 정공법을 고수하지 않고는 세상을 살아가기 벅찰 것일지 모른다는 생각을 했다. 바로 서지 않고는, 정공법으로 맞서지 않고는 권모술수가 난무하고 너무도 다른 가치가 뒤섞여 엉망인 세상이라는 생각을 했다. 힘들 때면 종종 세상 탓을 하며, 더 나은 세상을 위해 이바지하는 방법을 생각하기로, 그것을 위안 삼기로 했다.

자주 무너지고 이따금 기쁘더라도 앞으로도 나는 그렇게 살아가지 않을까 한다.

가장 큰 실수

 인생에서 가장 사랑하는 존재를 만드는 일은 인생에서 할 수 있는 가장 큰 실수 같다고 생각한 순간이 있다. 그 순간은 내가 실제로 인생에서 가장 사랑하는 존재를 알게 되었을 때였고, 그 순간부터 지금까지 어쩌면 앞으로도 여전히 나는 그 일을 가장 큰 실수라고 생각하게 될 것 같다.

 내가 이 세상에서, 내 인생에서 가장 사랑하는 존재는 나의 반려견이다. 나의 반려견은 내가 사랑해 마지않는 존재이고 나를 세상에 살게 하는 존재이며, 내가 줄 수 있는 가장 큼지막한 사랑을 준 존재이다. 그 애와의 이야기는 언제 한대도 질리지 않지만 글로 적어본 적은 없었다. 이름을 언급하고 내가 그 애를 사랑함을 언급하면서는 더더욱 적어본 기억이 없다. 쑥스러운 마음도 있었지만 가장 큰마음은 글로 그 애를 기억하고 싶지 않아서였다. 언제고 살아있는 형태로, 숨 쉬는 모습으로 만나고 싶은 탓이었다.

 그런 두려움이 가득한 마음 때문이었는지, 그 애와 관련된 글을 적기 시작한 것은 그 애와의 마지막을 떠올리던 순간이었다. 가장 사랑하는 존재와의 이별이라니. 인생에 없었으면 하는 순간이지만 그 애를 처음 만난 지 한 달이 되었을 때부터 나는 그 생각을 줄곧 하며 살아왔다. 없어서는 안 되는. 사랑해 마지않는. 소중하고 소중한. 가장 사랑하는. 온갖 수식어를 붙여도 모자란 마음이 모일 때면 늘 이별의 순간이 따라오는 것이었다.

그 마음이 모이는 것은 거의 모든 순간이었기에, 나는 반강제적으로 이별의 순간을 늘 염두에 두어야 했다. 그 순간을 떠올리며 더 잘해주자, 더 아껴주자, 더 사랑해 주자 다짐할 수 있는 탓이었다.

끝을 생각하고서야 최선을 다짐하는 가족이라니, 내 모습이 정말 최악임을 알고 있지만 나에게 있어 사랑하는 존재란 그런 것이었다. 늘 이별을 생각해야 하는 것, 영원하지 않은 것. 끝을 두려워하고 걱정해야 하며 마음을 단단히 준비시켜 두어야 하는 것. 사랑하는 존재만큼 영원할 수 없는 것은 없다고 생각하는 나이기에, 사랑하는 것만큼 나를 약하게 만드는 것은 없다고 생각하는 나이기에 그랬다.

그래서였을까, 나는 내가 나보다도 더 아끼는 존재가 그 애임을 알았을 때 한없이 기쁘면서도 내가 잘해주지 못하는 것 같아 슬펐고, 돈이 없는 순간에는 그 애를 위해 더 잘해주지 못하는 것 같아 미안했고, 결국 내가 세상에서 가장 사랑하는 존재가 그 애임을 알았을 때는 아차 하는 마음이 들었다.

어느 6월에 유기견 보호소의 홈페이지에서 그 애를 발견하였던 것이, 6월 17일에 그 애를 데려오게 되었던 것이, 가족이 되어 몇 날 며칠을 함께 울고 웃었던 것이, 가장 힘든 순간에 그 애를 만나 그 순간을 함께 한 것이 다 실수 같았다. 내가 가질 수 없을 만큼 큰 행복을 가지게 만든 실수 같았고 결국 가장 큰 두려움을 가지게 만든 실수 같았기 때문이었다. 인생에서 가장 사랑하는 존재와 함께 할 수 있는 시간이 과연 인생만큼이나 길 수 있을까. 그 고민은 나를 늘 몇 날 며칠이고 밤을 지새우게 만든다.

여전히 두렵고 매 순간이 무겁지만, 한없이 기쁘고 행복한 날들이기도 하기에 글을 쓰는 순간만큼도 다짐하고 또 다짐한다. 내가 줄 수 있는 사랑을 아끼지 말자고, 내가 쏟을 수 있는 마음을 아끼지 말자고. 그렇게 후회 없이 사랑하고 후회하더라도 사랑하자고. 가장 큰 실수가 아닌 것을 가장 잘 아는 것은 나 자신이기에, 결국 더 크게 사랑하고 원 없이 사랑하자고. 그렇게 다짐하고 또 다짐한다.

줄 수 있는 사랑이 있고 사랑할 수 있는 존재가 있음에 감사하자고.

투정 2

글을 쓰려 펜을 들었는데
도무지 쓸 말이 없어 다시 내려두었습니다

다시 글을 쓰려 자판기에 손을 올려두었는데
좀처럼 진정되는 마음이 없어 다시 내려두었습니다

글감도 투정 부리듯 툭툭 나오는 것이
글 쓸 마음도 어리광 부리듯 투덜투덜거리는 것이

오늘은 용케도 글 한 마디 투정 없이
마음 한 구절 어리광 없이

글 쓸 일 없이 그렇게 잠잠하려나 봅니다

글을 쓰려다 만 것이 무색하게도 마음은 잠잠하지 않은데 말이죠

오늘은 용케도 마음 밖으로 흘러넘치는 것 없이

마음속에서만 소용돌이가 이려나 봅니다

글 쓸 일 없게도
내내 생각하던 이를 보러가지 않은 탓일지도요

나초 과자와 영화관

 함께 영화를 보는 일은 그 사람을 사랑해서 할 수 있는 일이다. 더욱이 함께 영화관을 가는 일은 그 사람을 정말 애정해서 할 수 있는 일이다.

 나는 영화를 정말 좋아하는 사람이고 특히 영화관이라는 장소를 애정하는 사람이다. 좋아하는 영화를 보기 위해 표를 끊고, 그 영화를 기대하는 마음으로 며칠을 떠나보내고, 그 영화를 온 마음 다해 즐기려 영화관에 가는 일. 이 모든 과정은 영화관에서만 실현할 수 있는 설렘 가득한 일이고 내가 가장 기대하는 일이며 흔치 않아 더 귀중한 일이다.

 혼자 영화를 보는 일도 즐기는 나지만, 바쁜 틈을 쪼개어 온통 그 영화를 볼 생각으로 영화관에 방문하는 일은 자주 있는 일은 아니다. 바쁜 틈 속에 3시간 남짓의 시간을 비우기란 쉽지 않은 일이고, 준비되지 않은 마음으로 가볍게 여기고 싶지 않은 일이기 때문이다.

 그래서인지 영화를 보게 되는 날이면, 특히 영화관에 가 영화를 볼 수 있는 날이면 마음이 들뜨고 온갖 기대로 하루가 충분해진다. 헛헛한 마음 하나 없이, 틈 사이로 갈라지는 마음 하나 없이 온전해지고 충분해지는 마음을 지닐 수 있는 것은 특히나 특별한 일이다. 그래서 더 영화관을 애정하게 되고, 자꾸만 그곳에서 특별한 기억을 만들게 되는 것 같다.

오래도록 애정한 영화를 영화관에서 볼 수 있게 된 기억, 벌렁대는 심장을 감추지 못한 채 온갖 긴장 속에서 좋아하는 사람과 영화를 보았던 기억, 사랑해 마지않는 친구와 가장 이른 시간의 영화를 보러 밤을 새운 기억. 이러한 소중하고 특별한 기억들 말이다.

다시 누군가를 너무도 사랑해서 함께 영화를 보자고 말한다면, 그 사람을 너무도 애정하게 되어 함께 영화관에 가자고 말하게 된다면 함께 나초 과자를 먹으며 영화를 보러 가지 않겠느냐고 물을 것 같다. 애정하는 장소, 애정하는 영화, 애정하는 사람, 그리고 애정하는 과자. 특별한 기억에 하나 더 사소한 일을 더해 영영 잊지 못할 첫 번째 기억으로 만들고 싶은 마음이 들었기 때문이다. 그리고 그러한 일을 한 특별한 첫 기억을 그 사람과의 특별한 기억으로 만들어 영원히 사랑해 버리고 싶은 마음에 도달했기 때문이다.

사랑과 나초 과자, 영화관. 이 모든 일의 상관관계에는 또다시 사람이 있음을 깨닫는 하루다.

어느 여름에

입을 삐죽대는 습관
씰룩이는 입꼬리
괜히 흘긋대는 눈초리
불그스레한 홍빛 두 뺨
요동치는 눈동자
뭐만 하면 벌렁대는 심장

이리도 모든 게
투명한 어느 여름에

선명하던 봄빛 한 방울
남은 것 없이
희미한 어느 여름빛만
묽게 번지고

샐쭉한 마음에
늦봄 타듯

흘긋대기만 하다가

두 뺨과
두 손과
두 눈과
두 입

어느 하나 맞닿을 수 없었던
투명한 어느 여름에

그때의 나는 모르고
지금의 나는 아는 체하는

봄은 다 지나고
어느 여름빛 가득한

그 애를 좋아하는 마음
여름 한가득 좋아하던 마음

내 여름을 가져가 버린
이제는 남은 것 없이
희미한 어느 여름빛

묽게 번진

투명한 어느 여름에

고백으로 채운 글

고백으로 채운 글

삼키고 삼키고 또 삼키다
속에만 담아두었던 말들이 있습니다
하지 못한 고백이 글이 되고서야
조금씩 조금씩 입속을 맴돌게 되었습니다
맴도는 고백을 눈담아 주신다면
그걸로 된 셈입니다
끝끝내 세상에 나온 저의 고백일 테니요

글을 읽는 방법

시끌벅적한 거리도 좋고
한적한 길가도 좋고
토라진 고양이 옆도 좋고
사나운 생쥐들 사이도 좋고
무더운 여름 가도 좋고
선선한 가을바람 사이도 좋고
흐르는 냇가 옆도 좋고
끝없는 끝을 볼 수 있는 바다도 좋고
사랑하는 이의 옆도 좋고
애증하는 이의 앞도 좋고
미워죽겠는 마음도 좋고
좋아 못 참겠는 마음도 좋으니

그저 가만히 눈담아 주세요
그거면 됩니다

입술 깨물기

 나에게는 입술을 깨무는 버릇이 있다. 주로 내가 처한 상황이 버거울 때, 살아가기가 약간 벅찰 때, 그럼에도 티 내지 않고 이겨내고 싶을 때 나오는 버릇이다. 이 버릇이 나오는 순간은 보통 내가 혼자 있는 상황이라서, 가까운 이들 중 내가 입술을 깨무는 장면을 본 이는 아주 드물 것이다(그들과 있을 때 드물게 편안한 마음을 지니고 있어서일 것이다). 그 장면을 목격했다면 그 순간 내가 아주 버거운 마음을 이겨내려 혼자 고군분투를 하고 있는 것으로 생각하면 된다.

 주로 혼자 있을 때 이 버릇이 나온다는 사실을 안 지 얼마 되지 않았지만, 알고 나니 내가 입술을 깨물고 있는 것을 스스로 목격하는 것은 어렵지 않았다. 아마 모든 순간을 벅차게도 혼자 감당해야 하는 순간이기 때문에 주로 혼자 있을 때 버릇이 잘 나오는 것이라 생각된다.

 열심히 길을 걸어갈 때도(그것이 출근길이든, 퇴근길이든, 산책길이든 크게 상관없이) 누군가에 대해 치열하게 고민할 때도(그 대상이 연인이든, 친구이든, 동물이든 또 크게 상관없이) 입술 한쪽을 지그시 깨물고는 앞으로 절대 놓지 않는 것이었다. 그렇게 자연스레 일그러진 표정을 가지고 있다 보면 내게 입술 깨무는 버릇이 나왔음을 깨닫는 것에 그리 오랜 시간이 필요하지 않았다. 깨물린 한쪽 입술도 나름 불편하다고 꿈틀하는 것일지도 모르지만 말이다.

 누구나 자연히 가진 버릇이 있겠지만, 부끄럼을 탈 때도 수줍을 가질 때도 아닌 혼자 버겁고 벅찬 상황에 있을 때 입술을 깨무는 버릇이 나온다는 것이 조금은 의아했다. 내게 '입술 깨물기'라는 것은 부끄러움 혹은 수줍음의 의미였기 때문이다.

 일평생 그렇게 여겨왔는데, 그런 순간에 나오는 버릇이 아니라니! 나에게는 꽤 크고 중대한 사안이었다. 약간의 비웃음을 살지라도(그러나 이런 생각이 들 때에 정말 비웃은 것은 그렇게 생각한 나라고 누군가 말해주었다) 내가 수줍어서 입술을 깨문 것이 아니라는 것이 나에게는 정말 중대했다. 이상한 상황에 생긴 이상한 버릇이라니, 나를 이해하는 것에 한층 더 시간이 걸리겠다는 것을 입증하는 것 같아 다소 난해해진 것이다. 이 글을 읽는 이가 그렇게 느끼더라도 말이다.

(아마도 '입술 깨물기'를 가장 난해하고 곤란하게 여기는 것은 나이겠지만 말이다.)

나뭇잎

그해의 첫 마음을
그 나무의 첫 잎에 담았다

봄이 온다는 것은
실로 그런 것이었다

가장 풋풋한 마음과
가장 푸릇한 결실을
모아두게 되는 것.

그해의 첫 마음을
그 나무의 끝 잎에 담았다

봄이 온다는 것은
실로 그런 것이었다

겨우내 살아남은 생명에

이른 봄의 수줍은 마음을
담아두게 되는 것.

봄이 온다는 것은
실로 사랑이 오는 것이었다

나뭇잎에 모은 마음이
작은 잎에 담은 마음이

아무도 모르게 새긴
그해의 첫 사랑임을
알게 되는 것.

내 마음속 담아두었던,
겨우내 품었다가 이제야 꺼내본
첫 사랑임을 깨닫게 되는 것.

그해의 첫 사랑을
그 나무의 첫 잎에 담았다.

주인공

생각해 보니 요즘 나는 소설보다는 서간집, 에세이, 시집 등을 더 자주 읽는다. 평소 소설을 가장 좋아하지만, 가장 최근 읽었던 소설에 심하게 빠져있던 탓에 스스로 환기하며 덜 빠져 읽을 수 있는 글자들을 찾아다니는 것이다.

다른 글자들을 찾아다니기 전에, 소설을 읽을 적에 나는 그 안에 등장하는 한 사람의 시선을 따라 폭 빠져 이야기를 읽었다. 그 사람의 인생을 내가 살고 있는 것 마냥 몰입할 수 있는 이야기였고, 그 사람을 열렬히 마음으로 응원하고, 애정하고, 연민하며 읽고 있었다. 그래서인지 결말에 다다랐을 때, 크게 무너지고 함께 좌절했으며, 같이 담담할 수 있었다. 한 인생을 같이 겪은 듯이 누군가의 죽음에 함께 무너지는 듯했고, 누군가와의 사랑을 끝냄에 함께 좌절하는 듯했으며, 누군가와의 선택에 함께 담담할 수 있었다.

크고 작은 감정의 파고를 함께 나누었으나 결말을 완전히 이해할 수 있었던 것은 아니었다. 아무리 그 사람의 시점으로 보려 해도, 결국은 열렬히 그 사람을 응원하고 애정했던 감정이 상충하는 것이었다. 또한 나의 연민이 담긴 감정과 내가 따라가던 시선이 상충할 때, 내가 응원하던 것은 그 사람 자체가 아닌 그 사람의 인생이었음을 깨닫게 되는 것이었다. 그 사람의 시선을 따라 그 인생을 온전히 느끼고 함께했다면 당연히 이해할 수 있는 일이었음에도, 나 또한 결국은 사회적인 시선으로, 그 사람을 응원한다는 목적하에 그에게 상처가 될 감정을 남기는 것이었다. 이 모든 생각을 깨달았을 때, 내가 허투루 책 속 그 사람을 응원하고 사랑했음이 속상했다.

그래서인지, 여운이 오래 남은 탓에 나는 여전히 매일 결말을 고민하고 있다. 그러나 여전히 이해하지 못하고 결말 뒤 남은 모습에 아파한다. 훗날 그 소설을 다시 읽게 되었을 때, 그래서 한 번 더 그 사람의 시선으로 모든 일을 바라볼 때, 그때에는 꼭 나조차 모순적인 사람임을 드러내기보다 그 사람을 온전히 이해하고 응원하며 사랑할 수 있기를 바라는 마음이다.

도망가는 순간

도망가는 순간에 대해 글을 적어보고 싶었던 적이 있었다. 당장이라도 모든 것을 놓고 도망가고 싶은 순간이 아니라, 이미 도망가고 내가 없는 순간에 대해 적고 싶었다. 그러나 그것은 참으로 불가능한 일이었다. 나는 매 순간 도망가고 싶다는 생각을 하며 도망가는 내 모습에 대해 상상하지만, 실제로 도망가는 유형의 사람은 아니기 때문이었다.

도망가고 싶다, 도망가고 싶어.

이렇게 생각을 할 때면 꼭 도망가기는커녕 그 상황에 정면 돌파를 하러 뚜벅뚜벅 걸어가는 사람인 것이다. 아무리 시간을 오래 끌고 간들 결국은 내가 맞닥뜨린 상황을 해결하거나, 지더라도 마주 보거나, 일기에 쓰는 한이 있더라도 몸소 겪어보아야 마음이 풀리는 거센 성격 탓에 한 번을 도망가지 못하고 맞서다가 다시 무너지고, 상처 나고, 또 무너지는 사람이 나였다.

부러지는 법이 아니라 휘어지는 방법도 알아야 한다는 말이 문득 떠올랐다. 세상살이를 하다 보면 때로 해결할 수 없고, 결국 내가 하지 않았더라도 내가 책임져야 하는 일들이 있고, 분하고 억울한 일도 있겠지만 그때마다 맞서고, 싸우고, 반기를 들 수는 없는 것이었다.

그러나 나는 나와 관련된 일에는 한없이 차갑고, 나를 그리도 안쓰러워하고 가여워하다가도 결국 견뎌야 한다며 낭떠러지에 내모는 것이 일상이고, 도망가는 사람이 될 수는 없다는 괴리감 넘치는 결론 때문에 도망가지 못하는 것이었다. 나에 관해서는 아무튼 도전하고, 어떻든 마주하고, 결국은 도망도 못 가는 특이한 거셈을 가지고 있었던 것이다.

하지만 도망도 용기 있는 사람이 실천할 수 있는 것이라 생각하기에, 나는 내가 맞닥뜨린 모든 상황을 이겨낼 힘이 없어 도망도 가지 못하는 것이라 생각한다. 때로는 도망가는 것도, 도망가는 나를 이해할 수 있는 것도 충분한 용기와 경험과 관용이 있어야 하는 것이라 생각한다.

그래서인지, 도망가는 순간에 대해 몇 날 며칠을 고민하며 적고 싶었지만 결국 도망가는 순간을 발견하지 못하고, 불필요하게도 싸우는 나를 발견하고, 나는 도망 한 번 못 가는 겁쟁이라는 결론만 만나게 된 것이었다. 지금 이 순간에도 도망가는 것이 절실하고, 도망가고 싶지만서도, 그럼에도 도망가지 못해 오늘을 지날 수 있다는 것에 감사하는 것이다.

그래도 도망가고 싶다, 도망가고 싶어.

우스운 하루

우스운 하루다.
옥수수 하나를 들고 잡지를 보는 요구르트 아주머니
빈 유모차를 데리고 다니며 텅 빈 미소를 짓는 한 여자
그들을 보며 홀연히 생각에 빠진 나

우스운 하루다.
저마다의 고까움을
그 시 그 각의 순간을
우스히 만들어버린 탓이다.

글과 삶의 상관관계

 눈에 채이는 모든 것을 읽을 때가 있었다. 수많은 책을 손에 닿는 대로 읽어 넘기던 때였다. 눈앞을 지나는 간판, 지도의 작은 부호 이름, 전공책의 설명, 내 책장을 가득 채운 수많은 책. 온갖 글씨들을 다 읽으며 내 안에 피어오르는 생각들을 막아보았던 때였다. 모든 순간을 생각하며 살아가지만, 당시의 나는 생각이 너무도 많았고, 특히 내면으로부터 나오는 헛되고 부정적인 생각들로 가득했었다.

 그런데 글을 읽을 때면 그것들을 잠시 잊을 수 있는 것이었다. 음악을 듣는 것, 영상을 보는 것, 쉴 틈 없이 움직이는 것 등 여러 방법이 있었지만 그중 가장 효과가 좋은 방법은 글을 읽는 것이었다. 잠시 내 생각을 지우고 다른 이의 생각을 빌릴 수 있었던 탓이라 생각된다.

 읽을거리는 도처에 넘쳐났지만 역시 가장 재미있는 것은 '진짜 책'이었다. 살아 숨 쉬는 듯한 등장인물들, 정말 있을 것만 같은 사건들, 그 안에 존재하는 수많은 감정. 생기 있는 것들로 꾹꾹 눌러 담은 선물 꾸러미를 보듯이 책을 볼 수 있었다. 현실에서는 만날 수 없는 수많은 사람을 만나며 새로운 감정을 배울 수 있는 기회와 나에게 일어나지 않을 기적 같은 일을 겪으며 가치 있는 하루를 보낼 수 있는 기회. 그런 갖가지 소중한 기회들은 책을 통해 나에게 찾아왔다.

'진짜 책'의 장점들이 셀 수도 없이 많음을 깨달은 나는 곧바로 책을 읽기 시작했는데, 책의 분야와 장르를 가리지 않고 읽은 탓에 다양한 세계를 만나볼 수 있었다. 어느 날은 소설 속에서, 어느 날은 에세이 속에서, 어느 날은 시 속에서, 어느 날은 논문 속에서. 아동 학대에 대해서, 자연에 대해서, 사람에 대해서, 감정에 대해서, 결국은 나에 대해서. 당시 나는 '책'이라는 회전목마를 타고 돌고 돌며 이 세계, 저 세계를 모두 맛보는 재미에 폭 빠져 있었던 것 같다.

그렇게 책을 읽고 나면 바로 다음 책을 펼치기도 했지만, 모든 생각들과 내용들은 결국 나를 이해하는 것에도 도움을 주었다. 책을 읽고 난 후 적는 독후감에서, 어떤 책을 읽었는지 기록하는 일기장에서 돌고 돌아 나에 대해서 적을 수 있었고 그때의 기록은 여전히 나에게 많은 것을 알려주고 있다.

좋아하는 작가님이 생기는 일, 가장 좋아하는 책이 생기는 일, 다음으로 읽고 싶은 책이 생기는 일은 모두 나에게 큰 생기로 다가왔으며 그때의 내가 살아있다는 근거가 되어주었다. 그래서인지 책에 대한 고마움으로 책을 애정하게 되었고, 그런 나에게 책은 늘 좋은 스승이 되어주었다. 글로 마음을 푸는 방법을 알려주었으며, 글의 힘에 대해 가르

쳐주었고 나아가 사람을, 사람인 나를 이해할 수 있게 해준 덕분이었다.

 기억을 되짚어보면, 수많은 책을 읽으며 하루를 채웠던 그때, 글에 기대어 살아가는 방법을 배우게 되었다는 생각이 든다.

명랑함

웃을 때 뒤로 넘어가는 목소리
훤히 내비친 마음
멈춰 서 쏟아내던 말
장난치듯 굴려가던 눈동자
적시에 깜빡이던 눈꺼풀
환하게 마중 나가던 입꼬리
물러설 생각도 없이

여기까지가 하나

도망칠 생각도 없이
파르르 떨리던 입꼬리
시각을 다투듯 움찔하던 눈꺼풀
깜장 빛 가득히 멈춰서던 눈동자
뱉지 못하고 삼킨 말
잇지 못한 마음
연결되지 않은 목소리

여기까지가 하나

물러설 생각도 없이
맞서보자 했던

여기까지가 하나,

물결이 이듯
빗질 마음 하나 없이
잊어보자 했던
마음이 둘

다시 명랑하게도 도망칠 마음이 하나,
잊을 수 없는 명랑함은 둘.

다시 하나,
잊은 것은 둘.

사랑꾼들의 틈에서

"선생님, 매정하죠?"

연애할 때 매정할 것 같아 보인다는 말을 들은 것은 그때가 처음이었다.

한참을 영어학원에서 일하던 때였는데, 어느 늦은 저녁에 자습실에서 나는 한 여자아이와 오래도록 함께 앉아 아이에게 영문법을 가르쳐 주고 있었다. 아직 4학년이던 수민은 늘 나에게 궁금한 것이 많았다.

선생님은 몇 살이에요? 선생님, 남자 친구 있어요? 선생님, 이것 좀 알려주세요. 선생님, 너무 어려워요. 선생님, 어디 사세요? 한 문제를 푸는 것은 고사하고 한 단어를 읽을 때마다 질문하던 수민은 좀처럼 재미있는 답변을 하지 않는 나에게 슬슬 지루함을 느끼고 있었다. 그래서인지 나에게 점점 더 구체적으로 질문을 하기 시작했다.

"선생님, 왜 남자 친구가 없어요?"

시종일관 표정의 변화 없이 문법을 차근차근 알려주던 나였지만, 나도 답을 알 수 없는 질문을 듣자, 나는 결국 움찔하고 말았다. 움찔하는 나의 반응이 재미있었는지, 수민은 씩 웃으며 재차 질문했다.

"선생님, 남자 친구 없다는 거 거짓말이죠?"

끝없는 질문에도 침묵 혹은 영어 단어로 답하던 나의 마음을 결국 건들어버린 질문이었다. 당시 나는 정말로 만나는 이가 없었고, 없다는 말을 믿지 않은 수민이 계속해서 재미있는 이야기를 듣고 싶다며 매달린 것이었다. 정말 없어- 하고 짧은 대답을 마친 후 다시 영어 문제집으로 돌아가려 애를 썼지만, 내 짧은 대답이라도 얻어낸 것이 흥미로웠던 수민은 또다시 질문했다.

"선생님이 다 차버렸죠, 그쵸."

의중을 알 수 없는 질문에 다시 움찔해 버린 나는 결국 대화에 참여하기로 했다.

"선생님이 다 차버렸을 것 같아? 왜 그렇게 생각했을까."
"음… 선생님이 먼저 헤어지자고 했을 것 같은데요?"

이어지는 대화 속에서 나는 빵 터질 수밖에 없었다. 수민이 보기에 나는, 사랑을 할 때 아주 차가울 것 같다는 것이 결론이었다. 자신이 늘 모르겠다며 질문해도 우선 먼저 생각해 보고 한 번 풀어보라 말하는 내 모습이, 문제를 어떻게든 풀지 않으려 꼼수를 부려도 다 알아채고는 공부하라고 말하는 내 모습이, 아이들이 짓궂은 장난을 치려고 하거나 시끄럽게 굴면 단호하게 안 된다고 말하는 내 모습이 마치 사랑할 때도 차가운 마음으로 대할 것 같이 보이게 만들었다는 것이었다. 선생님이 많이 매정했구나-하고 웃음을 참는 나에게 수민은 또다시 질문했다.

"선생님, 매정하죠?"

연애할 때, 사귀는 이에게도 매정하게 대하느냐는 질문이었고, 수민은 꽤 진지하게 물은 것 같아 보였다. 결국 나는 그래, 선생님 꽤나 매정해-라는 말로 이야기를 마무리 지었고, 아이의 진지한 물음에 담긴 의미는 영영 알 수 없을 것만 같다고 생각한 후 그 생각을 그만두었다.

사랑을 할 때만큼은 매일이 따뜻하고 매 순간이 환한 사람이 나일 텐데, 그럼에도 매정할 것도 같다는 생각을 나 또한 하는 탓이었다. 다시 사랑을 하는 순간이 온다면, 그런 환한 순간이 다시 온다면, 나에게 끝없이 질문하던 아이의 마음처럼 아무 의미도 대가도 없이 사랑만 해보고 싶다고 생각했다. 바라는 것 없이, 바라는 마음 없이 주기만 한대도 행복할 테니 그냥 사랑만 해보고 싶다고 생각했다.

어린아이들이 다니는 영어학원에서 일하는 것은 가장 많이 사랑하는 이들 사이에 있는 것과 같았다. 아이들의 주된 관심사가 '사랑'이었기 때문이었다. 사랑꾼들 틈에서 보조교사로 일하던 나조차도 사랑꾼이 되는 것만 같은 시간이었다. 보조교사 1 말고, 지나가는 선생님 2 말고, 내 이름 세 글자로 역할을 받을 수 있는, 그런 비중 있는 사랑꾼이 된 듯한 하루들이었다.

위로

한참을 생각하고
한참을 고민할 대상이 있다는 건 좋은 것이었구나.

그 사람을 생각하고
시선을 따라가고
행동을 곱씹다 보면
결국 으스러지는 건 나면서도
그럼에도 시간을 내어 생각하고
내가 가진 고민을 덮친 대상이 있다는 건 한 켠의 위로가 된다.

그 사람을 생각하다 보면
내 현실에 한없이 작아져 무너지다가도
결국 으스러지는 건 나면서도
그럼에도 자꾸만 생각이 나고 또 생각에 빠질 수 있다는 건
밝게 하루를 보낼 이유가 된다.

보내지 못한 편지

요즘 마음은 좀 어때?
잘 지내냐는 말 한마디가 어려워 말을 빙 돌렸던 날들이 선명하다.
그런데도 난 아직 그 말이 어려워서 지금도 빙 돌려 말하네.

한때는 안부를 묻는 일이 조금 덧없이 느껴지기도 했어.
잘 지내지 못하는 이에게 잘 지내냐는 말이 얼마나 가혹한지
난 알거든.
알면서도 안부가 궁금하다고 하면 너무 모순적인 걸까?
그런데도 나는 네 안부가 간절해, 간절해서 궁금해.
잘 지내고 있는 건지, 잠은 잘 자는지, 정말 괜찮은 건지.
뭐 그런 것들 말이야, 그런 게 참 궁금하다.

마음이라는 게, 참 어렵고 덧없고 그런 것 같다는 생각을 해.
하나로 명칭할 수는 없는 것 같고 결국 표현할 방법은 없는 것 같아서.
그럼에도 그것을 표현하고 싶어서 표현해 보려 늘 애쓰고
그래서인지 썼다 지웠다가 한 단어들만
수십 가지, 수백 가지 넘어가는 요즘이다.

나는 요즘 '명징하다'라는 말에 마음이 가더라.
'명징하다'. 깨끗하고 맑다, 사실이나 증거로 분명히 하다라는 뜻의
말이야.
그 말을 좋아하는 마음만큼, 글도 명징하게 적을 수 있으면 좋을 텐데.
내 글이, 결국은 내 마음이 명징할 수 있었으면 좋겠다.

이런 넋두리를 자주 하는 서로가 웃겨서, 재밌어서, 보잘것없어서
였는지 몰라도 우리는 참 잘 맞았고 서로를 즐거워했었지.
나는 여전히 너를 그리워하고 또 그리워하지만
그리워하면서도 우리의 관계가 확실할 수는 없다는 것을
다시금 깨달아.

그래서 때로 절망하고 자주 무너지는 날들을 지난다.
나는 그래.
여전히 그래.
너의 이름을 한참 쓰다가
그렇게 마음에 한참을 새기다가
결국 편지 한 통 못 하고 너를 그리워하곤 해.
우리는 여전히 서로를 잘 모르고
그럼에도 알 수 있는 기회를 날려버리고.

그렇게 나도 너도 모르는 채로 너를 궁금해하곤 해.

명징함 따위 영영 만나지 못한대도
그렇게 서로를 영원히 모른대도
때로 안부를 물을 수 있는 사이가 되자.
때로는 함께 비를 맞지 않겠냐고 물을 수 있는 사이가 되자.
그런 사이로 남자.

그래서 결국은, 너에게 꼭 묻고 싶었던 것은
다시 또 하나야.
요즘 마음은 좀 어떠냐 하는 그런 작은 안부야.

요즘 마음은 좀 어때?
너도 때로 내가 그리웠으면 좋겠다.

부재

오늘의 이유를 찾다가
당신이 없음을 알았습니다

덧없는 하루 끝에도
옅은 미소를 머금은 이가
더는 없음을 알았습니다

텁텁한 공기가
선선해진 바람결이
바스라지는 낙엽이

시간을 오래 건넌
부재를 일러주었습니다

오늘을 살아가다가
살아가는 이유를 찾다가
찾던 이가 없음을 알았습니다

더는 당신이 곁에 없음을
더는 들려올 소식이 없음을
이제야 알았습니다

내일의 이유를 찾다가
당신이 그리움을 알았습니다

더없이 행복한

 책을 읽다가 내 생일을 발견했다. 재미있게 읽고 있는 책에 내 흔적이 묻은 느낌이라 좋았다(당연히 우연인 것을 알지만서도 기뻤다). 요즘은 그 책을 읽으며 보고 즐기며 살아가는 탓에 더 기뻤다.

 나는 짧게 무언가에 폭 잘 빠지는 사람이고 내 안에 있는, 틀에 갇히고 싶지 않은 반항심을 해소할 수 있는 책을 읽는다. 내가 모르는 분야에 대해 자세히 가르쳐줄 수 있는 책, 내가 상상하지 못한 세계를 마음껏 펼치는 책, 내가 만나보지 못한 사람들이 잔뜩 나와 수많은 감정을 일러주는 책, 나 대신 훌쩍 떠나 먼 곳에서 자신의 이야기를 담담히 말하는 책. 내가 닿지 못한 수많은 감정과 경험을 알려주는 책이 모두 그랬다. 틀에 갇히고 싶지 않아 세상에 힘껏 반항하면서도, 결국은 세상을 사랑할 수밖에 없게 만들어주는 것이었다.

 결국 나는 아주 쉽게 사랑에 빠지는 사람인 것이다. 그럼에도 좋은 책을 더 쉽게 발견할 수 있음에 다시 기쁘다. 좋은 책에 쉽게 빠져 그 세계를 마음껏 맛보고 온몸으로 느낄 수 있는 것이, 넘쳐나는 책 속에서 오늘 읽을 책을 고르는 일을 한없이 고민할 수 있는 것이 기쁘다.

세상에는 좋은 책이 너무도 많아. 그래서 기쁘다. 더없이 행복한 고민을 평생 안고 사는 기분이라서.

'좋은 책'의 기준은 여전히 알 수 없고 매일의 고민이지만, 그럼에도 책을 읽을 때면 느낄 수 있는, 명확하면서도 설명하기 어려운 모호하고 둥그란 것이다. 좋은 책을 읽는 순간이면 분명하게 좋은 책임을 알 수 있지만 좋은 글, 좋은 책, 좋은 세계는 결국 주관적인 것 같아 말로 표현할 수 없는 것인 듯하다.

하지만 나로서는 그러한 고민도, 기준도, 그 대상인 책도 모두 더없이 행복한 것들로 느껴졌다. 정말로 세상에는 좋은 책이 너무도 많고, 나는 그래서 매일이 기쁘다. 하루 종일 매일매일을 반복해도 끝나지 않는 더없이 행복한 고민을 평생 안고 사는 기분이라서. 그래서 더없이 행복하다. 매일이 기쁘다.

시작하는 일에는 두려워하기,
끝이 다가오는 일에는 조급해하기.

 시작과 끝. 그것만큼 두려운 것은 세상에 없는 것만 같다. 세상은 끝맺는 것보다 시작하는 것투성이인데 그 수많은 시작은 오로지 내 몫인 것 같고 그 끝이 얼마 없는 것도 내 몫인 것 같아 그렇다.

 아침에 눈을 뜨면 하루의 시작이, 밤에 눈을 감으면 하루의 끝이 매일 반복되는데 그것들이 모여 내 일주일, 한 달, 1년이 완성된다고 생각하면 한없이 벅찬 것이다. 나의 그 하찮고 별것 없는 일상이 모여서 하루, 일주일, 한 달, 1년, 결국은 인생이 완성된다는 사실이 믿을 수 없이 거대하다. 나는 그저 오늘을 살았을 뿐인데, 그 순간순간이 모여 나를 완성한다는 것이 다소 멀게 느껴지고 너무도 크게 느껴진다. 그래서인지 나에게는 시작과 끝에 대한 작은 공식 같은 것이 있다.

 시작하는 일에는 두려워하기, 끝이 다가오는 일에는 조급해하기.

 시작하는 일에는 두서없이, 거침없이 두려워하며 한없이 걱정하고 또 걱정하기. 모든 가능성을 염두에 두고 일어날 일에 대해, 그 일이 가져올 결과에 대해 생각하기. 그렇게 틈 없이 최선의 계획을 만들기. 두려움에 벌벌 떨어도, 자꾸 도망가고 싶다는 생각을 하다가도 결국 도망가지 않고 맞서는 것을 선택하기. 내가 할 수 있는 작은 것부터 그렇게 시작하기.

끝이 다가오는 일에는 매 순간, 매일을 조급해하며 한없이 걱정하고 또 걱정하기. 내가 했던 모든 일들을 생각하며 앞두고 있는 마지막에 대해, 그 마지막이 다음의 시작에 가져올 결과에 대해 생각하기. 그렇게 나에 대한 시작과 끝을 하나 더 만들었다는 사실을 깨닫기. 조급함에 손이 벌벌 떨려도, 모든 끝의 직전에라도 도망가고 싶다는 생각을 하면서도 끝내 잘 마무리하는 것을 선택하기. 내가 할 수 있는 작은 것부터 그렇게 끝맺어보기.

이렇게 걱정만 하다가 시간이 다 가면 어쩌나, 걱정에 벌벌 떨기만 하다가 모든 일이 시작도 못 해보고 끝나는 것은 아닌가 싶겠지만, 나는 결국 도망가기보다는 걱정하면서도 시작하고 끝을 내는 유형의 사람이라 지금 이 순간에도 또 다른 시작과 끝을 만들어내고 있다. 여전히 시작과 끝, 그것만큼 두려운 것은 세상에 없는 것 같지만 말이다.

결국은

 요즘 유독 자주 찾게 글의 주제는 반려견으로부터 파생된 것이다. 오늘의 주제는 명확하다. 그 애가, 그 작은 생명체가 대체 어떻게 날 살린 걸까.

 그 애를 처음 만나던 순간은 여전히 짙은 색과 향을 가져 오래도록 마음 한 켠에 일렁이지만, 그 순간의 나는 아주 시들시들했다. 많이, 아주, 엄청, 정말, 너무 모든 수식어를 다 가져다 붙여도 될 만큼이나 시들어 있었다. 나는 늘 스스로를 큰 나무라고 생각하며 살았었는데, 그때의 나는 말라 비틀어 별 볼 일 없는 (어쩌면 보이지 않을 만큼 앙상해져 있는) 그런 시들한 식물이 되어 있었다. 나무라고 불러주기도 낯부끄러울 만큼 말이다.

 그래서인지 나의 색이 가장 옅었던 그 시기에 그 애를 만난 것은 여전히 신기하고 의아하지만 가장 감사한 일이기도 하다. 사랑을 줄 수 없을 것만 같던 때에 만났던 작은 생명체. 그 생명체가 나를 조금이나마 잠들게 하고, 이른 시간에 눈뜨게 했으며, 함께 밥을 먹게 했고 함께 웃으며 뛰게 만들었다. 점차 지워져 가던 나를 점점 생기 있게 만들던 작은 생명체 덕분이었다. 모두 나를 기쁘게 하는 작은 몸짓, 눈빛 덕분이었다. 그 애를 만나기 위해 긴 시간을 지나왔다는 생각도 들 정도였다.

그래서 오늘은 하루 종일 틈날 때마다 그 애가 어떻게 날 살린 걸까? 하고 고민했다. 생각하고 또 생각했다. 나를 기쁘게 하는 존재여서? 그 애를 만나기 위해 온갖 시름을 먼저 만난 것이어서? 단순히 귀여워서? 사랑해 마지않을 존재여서? 나와 비슷한 처지여서?

계속 고민해도 물음표는 점점 그림자를 남기고 꼬리에 꼬리를 물 뿐 명쾌한 해답을 주지는 못했다. 나와 비슷한 처지인 것 같아 보였던 그 애가 마음에 쓰였던 걸까, 내가 못 받았던 온갖 도움과 사랑을 다 줄 수 있을 것만 같았던 걸까, 너무도 작은 아이가 험난한 보호소 생활을 하는 것이 마음에 걸렸던 걸까. 오늘의 생각은 결국 '밤'에 대한 것으로도 흘러갔다.

내가 좋아하는 '밤'. 어두움 말고 밤. 깜깜해도 별들이 빛나는 밤. 그런 밤. 나는 밤공기를 사랑했고 밤에 하는 산책을 좋아했고. 나는 밤에 하는 모든 것을 사랑하는 사람이었다. 밤이 주는 특별함이 좋았고 어딘가 비밀스러운 구석이 있을 것만 같은 밤공기가 좋았다. 선선한 공기에 폭 빠져있다 보면, 절로 추억을 만들 수 있었다. 그래서였을까, 가장 힘들던 순간에도 밤이어서 그나마 위안이 되었었다.

나는 밤공기를 사랑했고 밤에 하는 산책을 좋아했고 그걸 반강제적으로 가능하게 하는 존재는 그 애였고…

 그래서 나는 늘 그 애에 의해, 그 애로 인해, 그 애 덕분에 밤 산책을 다시 하기 시작했고 사랑하던 밤공기를 마실 수 있었고 그렇게 점점 다시금 삶의 흐름도 사랑하게 된 것 아닐까.

 결국 나는 그 애를 생각하며 삶의 이유를 다시 찾고 있는 것이라는 생각을 했다. 아무리 찾아도 찾을 수 없는 그것을, 찾아지지 않은 그것을 또 한 번 고심하고 있는 것이다. 그럼에도 그 애 덕분에 가장 어려운 주제를 고심하며 여러 순간 즐거울 수 있었다. 즐거운 감정, 기꺼운 감정. 그게 다 너무도 명확히 느껴져서 오늘의 고뇌는 이쯤으로도 성공한 것이라 생각했다. 또 한 번 그 애에게 고맙다고 말하러 가야 할 것 같은 밤이다.

해수와 해영

나의 해수에게, 나의 해영에게 꼭 전하고 싶었던 말이 있었다. 잘 지내는지, 밥은 먹었는지, 이제 더는 울지 않는지 궁금한 점도 많았지만 해주고 싶은 말이 참 많았다. 하지만 그렇게 많고 많은 말 중에 골랐던 것은 결국 하나의 질문이었다.

지금도 여전히 세상을 사랑해?

해수와 해영은 초등학교도 졸업하지 않은 어린아이였다. 그런 어린아이의 순진무구한 눈으로 세상을 바라보면 어떤 광경이 눈 앞에 펼쳐질지 한 번도 상상해 보지 못했다. 그제야 아무리 상상하려 해도 그려지지 않는 것이 있다는 사실을 알 수 있었다. 어린아이가 바라보는 세상을 풍경이라 부를 수 있을까? 풍경이라 부를 만큼 아름다운 것일 수 있을까. 해수에게 해영이, 해영에게 해수가 전부였던 세상이 사랑할 만한 것이었을까?

온통 사랑으로 가득하지는 않더라도, 모든 게 다 내 것이지는 않더라도 살 만한 세상이 있기를 바랐다. 어린아이가 되어 본 세상도, 그 어린

아이가 자라 다시 본 세상도 겪을 만치 의미 있는 세상일 수 있기를 바랐다. 해영은 세상을 사랑해서, 해수가 그려준 세상을 사랑해서 글을 쓰는 어른이 되었다. 그런 어른이 된 해영에게 여전히 세상은 사랑할 만한 것일까?

 해수와 해영을 문득 떠올리다가 그들에게 하고 싶던 말을 되뇌다가 결국은 내가 나에게 하고 싶던 말로 돌아온 것만 같았다. 사람을 사랑해서, 사람이 가득한 세상을 사랑해서, 끝끝내 매정한 세상을 사랑해서 매일을 살아가고 매 순간을 고민하는 내 모습이 보였다. 나도 사람이어서, 풍경이 될 만한 세상에 이바지하지 못한 사람이어서, 그럼에도 사람을 사랑해서 사랑 없이는 살아가지 못하는 것이 보였다. 나에게 한없이 차갑더라도 그래서 온몸이 아리더라도 다시 사랑하게 되는 세상이 있다는 것은 믿고 싶지 않은 사실이었다.

 그리운 두 사람을 떠올리다가, 세상의 많은 해수와 해영을 생각하다가 결국 다시 나에게 돌아온 그 질문은 내 것인 것만 같았다. 마치 내 안의 어린아이가 나를 보며 묻는 것 같았다. 어째서 사랑으로 살아가는 인간이 된 건지, 왜 여전히 그 질문에 답하지 못하고 머뭇거리고 있는지. 언제고 다시 나에게 물을 것 같았다. 그럼에도 나는 여전히 다시 사람을 사랑할 것이 분명했다. 이제는 내가 나에게 스스로 묻고 싶다.

 지금도 여전히 세상을 사랑해?

*해수와 해영은 2024년에 힐링버드에서 출간한 단편 소설집 속 이야기인 『날씨 '맑음'』에 등장하는 인물의 이름들이다. 해수와 해영은 각 11살, 7살의 어린아이이며, 해수와 해영이 살아간 세상을 그려낸 이가 이 책을 쓴 이와 동일 인물이다. 다만, 책 속 해수와 해영을 넘어 이 세상의 많은 해수와 해영에게 보내는 마음을 모아 글로 담았음을 밝힌다.

나의 모든 색이 옅어질 때까지

숨이 꺼져가던 어느 밤에
입김만이 선명하던 어느 겨울에
흐느끼듯 매달려 있던 어느 난간에

그때 나에게 물었지요
짙은 색으로 물들어
기억되라고
기억하라고

그것은 결국 물음이었음을
이제는 압니다

물음표 하나 없이
쉼표만 가득히 쌓아둔
어느 공간에

그때 나에게 그랬지요

짙어져 영영 기억되라고
짙음으로 나를 기억하라고

그것은 결국 나를 위함이 아니었음을
이제는 압니다

어느 밤
어느 겨울
어느 난간
어느 공간

그것이 모두 나였음을
이제는 압니다

나의 색이 옅어질 때까지
모든 색이 옅어질 때까지

옅어져 영영 기억되라고
그저 나로 나를 기억하라고

영영 묻지 마세요
그저 잊지 마세요

나의 모든 색이 옅어질 때까지

맺음말

마음을 뽑아내는 것이 글이고
유일하게 솔직할 수 있는 것이 글이면
결국 글을 쓰고 싶지는 않다고 생각했습니다.
마음을 뽑아내고 나면 길게 아팠고
유일하게 솔직하고 나면 오래도 쓰렸으니까요.
결국은 나를 드러내다가,
내 마음을 다 풀어내다가
지나친 솔직함에 마음이 폭 빠져서는
열병이 나는 것이라 여겼습니다.
그래서인지 글을 쓰고 여운이 길게 남아 아프면
솔직한 말들을 쏟아내다가 오래도 마음이 쓰리면
글을 쓰는 사람인 것에 후회하고
다시 또 글을 쓰는 것의 반복이었습니다.
온몸에는 힘이 푹 빠지고 마음은 저 아래에 턱 꺼져서는
다시 기운 차리기까지 여러 시간을 건너야 했으니까요.

그럼에도 지금 이 순간에도
글을 놓지 못하고
너무도 사랑해서
너무도 미워해서
다시 또 글을 씁니다.
영영 아프고
영영 쓰려도
다시 한번 마음을 뽑아내고
유일하게 솔직해져 보자
그렇게 만들어주는 이가 글인 탓이었습니다.
글을 사랑해서
글을 미워해서
영영 함께하자 하는 고백일 텝니다.

작가의 말

언제나 글을 쓸 때면 어디 한번 솔직해져 보자, 하다가도 어디까지 스스로 솔직함을 담아야 하나 망설이곤 합니다. 이번에도 역시 같은 고민을 수없이 한 결과, 저의 가장 솔직한 부분을 담은 책이 세상에 나오게 되었습니다. 매일 글을 쓰고 그 글을 읽으며 스스로에 대해 알아갈 수 있었습니다.

여러분에게도 이 책이 그런 책이 되었으면 합니다. 스스로에 대해 생각해 볼 수 있는 책, 매일 혹은 이따금 하나의 울림이 되는 책으로 여겨졌으면 합니다. 그리고 다른 이의 어느 부분을 들여다보며 결국은 나에 대해 자세히 들여다볼 수 있도록 공간을 내어주는 책이 되었으면 합니다. 그러한 생각으로 조금씩 마음을 모아 적은 글들입니다. 마음에 보내는 편지가, 전하지 못한 말이, 고백으로 채운 글이, 책의 시작과 끝이 모여 하나의 이야기가 되었습니다.

이 책은 세상이 멸망한대도, 누드톤 립과 코랄빛 블러셔를 외칠 흐릿한 색채를 지닌 사람의 이야기입니다. 흐릿한 색채를 띠고 있음에도 솔직함을 좇는 이야기이며, 작은 솔직함을 모아보니 여러 글이 되었습니다. 책에 담은 글에는 주로 산문이, 때로 시가 등장합니다. 그 안에 글을 사랑해서, 동시에 무척 원망해서 하는 고백이 담겼음을 알아주신다면 저는 그것으로 영영 행복할 것만 같습니다.

결국은 당신의 솔직함을 응원하는 책이 되었으면 합니다. 안에는 그런 저의 작은 마음도 보태었습니다. 책을 기획하며, 글을 쓰며, 그 글을 읽으며 우리 함께 솔직함을 좇아보자, 그러한 세상이 될 수 있게 어디 한 번 뭉쳐보자 하고 함께 손을 잡고 싶었습니다. 우리가, 저와 여러분이 물리적으로 손을 잡는 날이 올 순 없더라도 이 글을 눈담아 주신다면, 그것이 어느 날 마음에라도 닿을 수 있도록 언제나 글을 쓰며 그날을 고대하겠습니다.

2025년 어느 초여름을 지나며, 연서 드림.